本书获得南昌大学"双一流"博士点建设专项经费的资助

可持续食物消费模式：基于综合足迹的研究

SUSTAINABLE FOOD CONSUMPTION PATTERNS:
RESEARCHES BASED ON INTEGRATED FOOTPRINTS

林永钦　朱惠倩 ◎ 著

经济管理出版社

ECONOMY & MANAGEMENT PUBLISHING HOUSE

图书在版编目（CIP）数据

可持续食物消费模式：基于综合足迹的研究/林永钦，朱惠倩著 . —北京：经济管理
出版社，2022.12

ISBN 978-7-5096-8895-3

Ⅰ.①可…　Ⅱ.①林…　②朱…　Ⅲ.①食物—消费—研究—中国　Ⅳ.①F126.1

中国版本图书馆 CIP 数据核字（2022）第 249558 号

组稿编辑：杜　菲

责任编辑：杜　菲

责任印制：许　艳

责任校对：蔡晓臻

出版发行：经济管理出版社
　　　　　（北京市海淀区北蜂窝 8 号中雅大厦 A 座 11 层　　100038）

网　　　址：www. E-mp. com. cn

电　　　话：（010）51915602

印　　　刷：唐山玺诚印务有限公司

经　　　销：新华书店

开　　　本：720mm×1000mm/16

印　　　张：13

字　　　数：169 千字

版　　　次：2023 年 1 月第 1 版　　　2023 年 1 月第 1 次印刷

书　　　号：ISBN 978-7-5096-8895-3

定　　　价：88.00 元

总　序

南昌大学是国家"双一流"计划世界一流学科建设高校，是江西省唯一的国家"211工程"重点建设高校，是教育部与江西省部省合建高校，是江西省高水平大学整体建设高校。2014年5月，南昌大学管理学院成立，学院由管理科学与工程、图书情报与档案管理、信息管理与信息系统三个老牌学科组成。管理科学与工程学科，具有从本科专业、一级学科硕士学位授权点到一级学科博士学位授权点、博士后流动站的完整体系，是江西省"十二五"重点学科。因此，在学科建设方面，管理学院在设立之初就奠定了雄厚基础。

南昌大学管理学院第一任领导班子中，彭维霞书记雷厉风行，涂国平院长沉着稳重。在他们的带领下，管理学院迈入了发展新征程，在教学、科研、社会服务、人才培养等方面均取得了显著成效。2019年，感谢组织信任、领导推荐和同事支持，本人有幸成了管理学院的第二任院长。感恩于前辈打下的基础，我辈少了筚路蓝缕的艰辛，却多了任重道远的压力；得益于前辈创设的体制，我辈继承了艰苦奋斗与稳健发展的精神，却也感受到了更多对于创新发展的期盼。

当前，管理学院存在规模小、底子薄、知名度不高的问题，南昌大学管理科学与工程学科在学科排名中落后于诸多"985"高校的相关学科。为此，本人时常思考如何推动学院奋起直追、实现跨越式发展，并颇有心得。

学科建设是学院发展之本。2017年，我国开始统筹推进世界一流大学和一流学科建设，南昌大学仅有1个学科入列。管理科学与工程学科离"世界一流"这一目标还有遥远距离。但是，"双一流"建设为管理学院管理科学与工程学科的发展，指明了方向、带来了机遇。管理学院的追赶式发展，需要以学科建设为抓手，在学科带头人与学科团队建设、科研平台与教学基地建设、高质量和有特色的学科品牌建设等方面做文章、争成效。

学术研究是学院发展之基。学术研究能力是学科发展的硬实力。在学校排名、学科评估、学术资源配置等方面，学术研究成果一直都是关键业绩指标。全面提升学院教师的学术研究能力、专心打造具有国际和国内影响力的高水平科研成果，是管理学院突破话语权壁垒、实现跨越式发展的战略要点。在学院内培养学术意识、推广研究型文化、引导和激励卓越研究成果的诞生，应该始终作为学院科研管理工作的重心。

人才培养是学院发展之魂。高校，是高级人才培养的重要基地。人才培养，既包括学生的培养，也包括学者的培养。大学之魂，不在"大"，而在"学"——学生、学者与学术，共同构成了大学。因此，管理学院的未来发展，既寄托在优秀在校生的培养以及优秀毕业生的回馈之上，也寄托在培育大师、培养国家级与省级拔尖人才、引进具有学术追求和研究能力的青年学者之上。学院是全体师生的学院，需要全体师生的共同努力，也希望能够成为全体师生共同成长的沃土。

思想宣传是学院发展之路。南昌大学管理学院，一直都在"默默无闻"地发展。然而，作为哲学社会科学的一员，管理学科理应承担反映民族思维、发扬精神品格、宣传思想文化、服务国家智库、繁荣社会发展的使命。很多高校的经济与管理学院之所以能在学校发展中举足轻重，正是因为占领了思想宣传和服务社会的高地。南昌大学管理学院，需要领会习近平主席在哲学社会科学工作座谈会上的讲话精神，加强和改进宣传思想文化工作，全心培养"文化名家"、"四个一批"人才和"宣传思想文化青年英才"，在思想宣传和社会服务方面勇创佳绩。

品牌塑造是学院发展之志。高校之间的竞争，不亚于企业竞争，品牌塑造同样是高校之间竞争制胜的重要法宝。南昌大学管理学院，急需在人才培养、学术研究、社会服务等各方面提升能力、培育优势、凝练特色、塑造品牌，走差异化发展道路，才有可能"变道超车"，实现跨越。加强品牌塑造，既需要高水平学术研究成果和大师级学者等硬实力作为支撑，也需要特色、文化、制度改革等方面的软实力提供支持。

正是基于上述考虑，本人在担任管理学院院长之后，开始着手规划和布局，而这套"南昌大学管理科学与工程博士点学术研究丛书"的组织出版，正是学院围绕学科建设、学术研究、人才培养、思想宣传和品牌塑造等目标而实施的一项集体行动。希望能通过丛书出版，加强南昌大学管理学院的学术传播与品牌推广，激励管理学院全体教师的学术研究与成果发表，为南昌大学管理科学与工程学科的建设做出贡献。

在此，感谢南昌大学对管理学院发展的重视，并将管理科学与工程博士点列入学校学科建设的支持项目，学校的经费支持资助了本套丛书的出版；感谢管理科学与工程系师生的辛勤工作与创造性努力，本套丛书所发表的研究成果都是他们学术探索的劳动结晶，是他们的工作促成了本套丛书的顺利出版。

本套丛书包括15本学术专著。它们可以归纳为科技创新与知识管理、农业经济与生态管理、系统动力学、物流与供应链管理、政府政策与社会管理五个方向。

科技创新与知识管理方向，包括喻登科教授的《科技成果转化知识管理绩效评价研究》、《知性管理：逻辑与理论》，陈华教授的《科技型中小企业协同创新策略研究》，罗岚副教授的《重大工程复杂性与治理研究》以及林永钦副教授的《可持续食物消费模式：基于综合足迹的研究》。

农业经济与生态管理方向，包括徐兵教授的《城乡协调发展下中部地区农村经济系统重构》，傅春教授的《绿色发展蓝皮书》，毛燕玲教授的《非营利性农村基础设施融资机制》以及邓群钊教授的《基于承载力的排污权组合分配研究》。

系统动力学方向，包括刘静华教授的《农业系统动力学》和祝琴副教授的《系统动力学建模与反馈环分析理论与应用研究》。

物流与供应链管理方向，包括徐兵教授的《农产品供应链运作与决策——基于PYO模式的研究》以及谢江林副教授的《资金约束供应链系统分析与决策》。

政府政策与社会管理方向，包括石俊博士的《政府财政支出与经济高质量发展》和林智平副教授的《税收政策与企业融资策略研究》。

这五个方向基本囊括了南昌大学管理学院管理科学与工程学科的主要研究领域。我们在硕士与博士的招生与培养、学术团队与学科建设等方面，都主要是从这几个研究方向加以推进。其中，系统工程与系统动力学是南昌大学管理科学与工程学科的特色方向。

欢迎对这些研究方向感兴趣的学者与同行来南昌大学管理学院交流，欢迎对相关领域有需求的企业提供合作机会，欢迎在这些研究方向有发展潜力的青年博士能加入我们的研究队伍，欢迎有志于从事这些研究方向的同学能够报考南昌大学管理科学与工程专业的硕士与博士。南昌大学管理学院将始终秉承开放创新的理念，欢迎你们的交流与指导，也接受你们的批评与指正。

正因为有你们的支持，我相信，南昌大学管理学院会越办越好。

南昌大学管理学院院长

2020 年 4 月 20 日

前　言

　　食物是人们生活中最基本的物质需求，直接影响人们对营养的获取，是人们索取土地资源、水资源和温室气体排放的载体。食物消费是居民消费的基本组成部分，不仅与社会经济发展有着密切联系，还直接反映居民的生活水平和健康状况。随着中国农产品生产技术的提高、城市化进程的不断加速和居民收入水平的提高，食物消费的重要性越来越大，同时产生的环境效应也越来越大。联合国指出，粮食系统是2030年可持续发展议程的核心，但目前的粮食生产和消费模式越来越被认为是不可持续的，在满足人类营养需求的同时对环境构成了重大威胁。面对资源稀缺、与日俱增的粮食供给压力以及生态环境问题，中国政府高度重视生态文明建设。党的十九大提出"形成节约资源和保护环境的空间格局、产业结构、生产方式、生活方式，还自然以宁静、和谐、美丽"，"倡导简约适度、绿色低碳的生活方式，反对奢侈浪费和不合理消费"。新时代，在居民食物消费结构及其消费习惯整体性改变和国家生态文明建设严格实施的新形势下，研究和评价居民食物消费模式的环境资源压力，探讨新时代背景下中国食物消费模式及其可持续性研究，有利于推动食物消费可持续发展。为此，本书基于综合足迹对可持续食物消费模式展开理论梳理和量化研究，对可持续食物消费模式进行分析构建。

本书第一章介绍了可持续消费模式的基本定义和理论发展，归纳了可持续消费模式的特征及其模式。第二章分析了全球食物消费的特点，包括从区域角度考察国内食物消费特征，从消费观念、方式、内容等方面考察中西食物消费差异的原因，从地区划分角度考察全球食物消费特点，并介绍了三种全球热门食物消费模式。第三章对相关研究与政策进行梳理，归纳国内外可持续食物消费模式的研究现状及政策导向。第四章介绍综合足迹理论，包括生命周期理论，生态足迹、碳足迹、水足迹的发展与定义。第五章包括宏观视角下居民食物消费的演变特征及趋势分析，并从家庭层面（微观视角）基于 SOM-TP 模型进行食物消费模式的识别、演变趋势及对比分析。第六章包括基于综合足迹的我国居民食物消费环境效应研究和家庭食物消费环境效应研究，分析了食物消费生态足迹、碳足迹、水足迹的演变趋势。第七章包括宏观视角下可持续食物消费模式设计与评价，以及基于家庭层面（微观视角）的可持续食物消费模式设计与评价。第八章梳理了当前我国食物消费存在的可持续性问题，并为推进可持续食物消费提出对策建议。

本书获得了南昌大学"双一流"博士点建设专项经费、江西省哲学社会科学重点研究基地——江西省区域经济研究院等的资助。

南昌大学管理科学与工程专业研究生徐雨欣参与了本书第一~第四章的资料收集、整理与编写工作，齐维孩、胡欣、陶敏参与了本书第五~第八章的资料收集、整理与编写工作。

　　本书在写作过程中，大量参阅并借鉴了在相关领域刻苦钻研的前辈和同行们的劳动结晶和研究成果，在此对他们的工作、贡献表示深深的谢意。

　　由于学识与能力所限，书中出现的不足与缺陷，敬请专家和读者批评指正。

目　录

第一章
认识可持续消费模式

一、可持续消费模式的内涵

　　可持续消费是指既追求消费者日益增长的美好生活需要，又强调资源节约和环境友好的消费行为。根据实现机制、对象和效果的不同，可持续消费可分为弱可持续消费和强可持续消费两个阶段。弱可持续消费是指对生产者进行调控，旨在通过改善生产技术、制造绿色产品的方式进行可持续消费。强可持续消费则从消费者出发，增强消费者的可持续意识，转换消费观念、消费方式、消费强度，以在提升生活质量的同时实现可持续消费。可持续消费行为涉及居民生活的衣、食、住、行等方方面面。可持续消费行为具体表现为消费过程（商品的购买、使用、处理、废弃等过程）中注重产品量的减少、产品的循环利用等环境友好行为。

（一）可持续消费模式理论发展

消费是国民经济发展的重要推动力，党的十九大报告指出，要"完善促进消费的体制机制，增强消费对经济发展的基础性作用"，要推进绿色发展，倡导简约适度、绿色低碳的生活方式，深入贯彻"创新、协调、绿色、开放、共享"的新发展理念。我国社会经济发展过程中遭遇到的阻碍之一就是国民消费需求的不足，2008 年全球金融危机的爆发暴露出消费需求的严重欠缺，扩大消费需求刻不容缓。"十三五"规划建议为消费指明方向，要求"着力扩大居民消费，引导消费朝着智能、绿色、健康、安全方向转变，以扩大服务消费为重点带动消费结构升级"。"十四五"规划进一步提出要"全面促进消费"，在顺应消费升级趋势的基础上，促进绿色消费、推进住房消费健康发展、开拓城乡消费市场、扩大节假日消费，同时改善消费环境，加强消费者权益保护。《中国可持续消费研究报告》显示，中国消费者的可持续意识正稳步提高，但可持续消费行为受到经济、生活习惯等因素的限制而难以实现。尽管消费行为是否具有可持续性并不属于法律上的义务，但当政府红利逐渐达到瓶颈，消费者应提高可持续消费的责任担当（中国质量万里行，2019）。

1. 马克思消费观

消费观是公众对待消费活动的一种认知反应，主要体现在对消费的价值判断和价值选择上，它直接影响着消费者的消费行为选择。马克思主义消费观的出发点是："人们为了能够'创造历史'，必须能够生活。但是为了生活，首先就需要吃喝住穿以及其他一些东西。"马克思主义消费观是唯物史观的重要内容，在马克思看来，消费是经济问题、社会问题和哲学问题相结合的一个交叉学科的综合问题。恩格斯对马克思主义消费的思想有过概括："经济学研究的不是物，而是人和人之间的关系，归根到底是阶级和阶级之间的关系。"马克思关于消费对社会历史发展的作用表示充分肯定，"人从出现在地球舞台上的第一天起，每天都要消费，不管在他开始生产之前和在生产期间都是一样"。同时，马克思主义消费观反对奢侈浪费，认为适度消费是历史发展的重要推动力，而过度消费、奢侈浪费是一种充满危害的非理性行为，"仅仅供享乐的、不活动的和挥霍的财富的规定在于：享受这种财富的人，仅仅作为短暂的、恣意放纵的个人而行动，并且把别人的奴隶劳动、人的血汗看作自己的贪欲的虏获物，因而把人本身——因而也把他本身——看作毫无价值的牺牲品。他把人的本质力量的实现，仅仅看作自己放纵的欲望，古怪的癖好和离奇的念头的实现"。简单来说，消费是对自然资源的消耗，恩格斯指出："我们不要过分陶醉于我们人类对自然界的胜利。对于每一次这样的胜利，自然界都报复了我们。"从哲学的角度来看，人与自然是相互联系、相互依存、相互渗透的关系，人与自然和谐相处是不变的价值追求（詹明鹏，2015）。

马克思研究了不同社会历史形态下的消费，划分为资本主义以前社会的消费、资本主义社会的消费和共产主义社会的消费。资本主义社会以前，社会生产力水平低，以个体为主要劳动力的生产方式使得生产目的主要是满足人的需要，马克思认为，"在中世纪的社会里，特别是在最初几世纪，生产基本上是为了供自己消费。它主要只是满足生产者及其家属的需要"，有限的社会生产力用于生产者本身或者封建领主的直接消费，"中世纪社会……生产都是为了直接消费，无论是生产者本身的消费，还是他的封建领主的消费"。资本主义社会的消费是马克思主义消费观的重要组成部分，与资本主义社会以前的消费不同，资本主义社会的生产目的不再是仅满足直接消费，而是资本增值的重要组成部分和资本再生产的过程。资本主义社会的消费包括生产消费和个人消费。生产消费指物质资料生产过程中生产资料和劳动力的使用和耗费，即生产资料和劳动力相结合的过程。生产资料包括生产原料、燃料、生产机械及厂房等，其消费意味着生产资料使用价值的丧失，新产品使用价值的形成，而劳动力的消费是生产主体的消费。个人消费表现为工人消费和资本家的消费，工人消费主要用于维持个人及其家庭的基本生活需要；资本家消费包括对工人劳动力的消费、家庭基本消费和资本家的奢侈消费。资本主义社会的生产目标是追求资本增值，"资本主义生产本身并不关心它所生产的商品具有什么样的使用价值……它所关心的只是生产剩余价值，在劳动产品中占有一定量的无酬劳动"。

到了共产主义社会阶段，马克思认为，共产主义社会的消费是"自己的旗帜上写上：各尽所能，按需分配！"人民可以自由支配时间进行生产劳动，也有进行文化消费的闲情，"每个人都有充分的闲暇时间去获得历史上遗留下来的文化、科学、艺术、社交方式等等中一切真正有价值的东西"。共产主义社会的消费不同于资本主义社会之前的直接消费，也不同于资本主义社会的追求资本增值，是"在充分考虑了社会再生产、社会后备保障以及社会公共必需消费基础上满足劳动者个人的消费，是最符合人和社会发展的科学的消费"。共产主义消费是符合人和社会科学发展的消费，也是人类理想的消费形态。

2. 可持续发展观

发展观是公众对待事物前进、上升的一种认知反应，是世界观和方法论在发展问题上的体现（朱启贵，2016）。1987年，世界环境与发展委员会第一次阐述了可持续发展的概念："既满足当代人的需求，又不对后代人满足其自身需求的能力构成危害的发展。"党的十八届五中全会提出要贯彻"创新、协调、绿色、开放、共享"的新发展理念，这是实现中华民族伟大复兴的中国梦的新发展观，也是中国特色社会主义理论体系的重要组成部分，它丰富了马克思主义发展观。

可持续发展思想源于西方。200 多年前的工业革命为人类社会打开了一条依靠无节制索取自然资源以发展经济的道路，虽然人类社会迎来了高生产、高消耗的经济繁荣，但同时带来了高污染的环境隐患（郭强，2019）。自 20 世纪 50 年代以来，一些发达国家遭遇了一系列工业化带来的环境公害事件，造成了严重的人员伤亡。以全球气候变暖为代表的生态环境问题日益严重，人类社会开始考虑"可持续发展问题"。20 世纪 60 年代左右，一批学者率先探索环境的不可持续问题，发表了《寂寞的春天》、《增长的极限》等作品，让环境破坏问题呈现在大众的视野下。1972 年，在瑞典召开的联合国人类环境会议是第一次在世界范围内探讨环境与发展关系的标志性会议。1983 年，联合国成立了一个以"持续发展"为基本纲领，以制定"全球变革日程"的组织——世界环境与发展委员会（WCED）。1987 年，世界环境与发展委员会（WCED）提交了研究报告《我们共同的未来》，报告中首次系统地提出了可持续发展理念、原则、目标、要求和模式，这标志着可持续发展观正式诞生。1988 年，联合国理事会全体会议通过的《关于可持续发展的声明》指出，传统发展战略造成了人类的一系列危机。1992 年，联合国环境与发展大会通过了《21 世纪议程》、《联合国气候变化框架公约》等历史性文件，这是人类社会开始走可持续发展道路的里程碑事件。

党的十八大以来，我国对可持续发展战略展现出高度的重视。党的十八届三中全会提出了"绿水青山就是金山银山"、"紧紧围绕建设美丽中国深化生态文明体制改革"、"制定生态保护红线"、"实行资源有偿使用制度"等一系列生态环境保护制度。党的十九大提出"坚持人与自然和谐共生"，报告指出："建设生态文明是中华民族永续发展的千年大计。必须树立和践行绿水青山就是金山银山的理念，坚持节约资源和保护环境的基本国策，像对待生命一样对待生态环境，统筹山水林田湖草系统治理，实行最严格的生态环境保护制度，形成绿色发展方式和生活方式，坚定走生产发展、生活富裕、生态良好的文明发展道路，建设美丽中国，为人民创造良好生产生活环境，为全球生态安全做出贡献"，"我们要建设的现代化是人与自然和谐共生的现代化，既要创造更多物质财富和精神财富以满足人民日益增长的美好生活需要，也要提供更多优质生态产品以满足人民日益增长的优美生态环境需要。必须坚持节约优先、保护优先、自然恢复为主的方针，形成节约资源和保护环境的空间格局、产业结构、生产方式、生活方式，还自然以宁静、和谐、美丽。""像对待生命一样对待生态环境。"中国可持续发展政策必将为生态文明建设和可持续发展带来新机遇，引领中华民族完成"美丽中国"目标。

3. 可持续消费观

可持续消费观在联合国环境规划署的《可持续消费的政策因素》报告中的定义是"提供服务以及相关产品，以满足人类的基本需要，提高生活质量，同时使自然资源和有毒材料的使用量减少，使服务或产品的生命周期中所产生的废物和污染物最少，从而不危及后代的需求"。可持续消费观结合了马克思主义消费观和可持续发展观的特点，它作为一种新的消费文化，要求在符合人的需求和全面发展的同时，自然界的规律和生态环境的变化与平衡（刘丽和朱丽娜，2004）。人类的消费行为对地球生态系统产生了一定程度的破坏，"过度消费"使得大量资源被消耗，进而导致了环境问题的恶化。因此，为了人与自然和谐共生，也为了消费与生态环境的平衡，人类有必要树立"可持续消费观"，走可持续发展的道路。

（二）可持续消费模式的定义

消费模式是在特定的社会经济背景下，消费者通过某些规范和准则，将各种消费资料相结合的方法和形式。消费模式与经济、市场、文化、消费者个体差异等因素相关。消费模式与经济运行之间存在正向因果关系与反向因果关系，二者相互影响、相互制约、相互推进。合理的消费模式有利于经济发展，而良好的经济运行也有利于消费模式的优化，二者合理搭配有利于经济的可持续发展和可持续消费模式的形成与优化，提高居民的生活质量，为全面建成小康社会贡献一份力量。与传统消费模式相比，可持续消费模式是指消费行为在经济、社会和环境三个方面都具有可持续性。

1. 经济可持续性

可持续消费模式是一种经济型消费模式，是在一系列外界约束条件下仍能保持居民正常消费的消费模式。自 2008 年以来，中国对世界经济增长的平均贡献率稳定在 30% 左右，按经济规模，中国是第二大经济体。2020 年 5 月 14 日，中共中央政治局常委会会议首次提出"深化供给侧结构性改革，充分发挥我国超大规模市场优势和内需潜力，构建国内国际双循环相互促进的新发展格局"。2021 年 3 月，《中华人民共和国国民经济和社会发展第十四个五年规划和 2035 年远景目标纲要（草案）》提出，"加快构建以国内大循环为主体、国内国际双循环相互促进的新发展格局"。新发展格局有利于我国需求和供给能力的提升，有助于供需达到更高层次的动态平衡。

2. 社会可持续性

社会可持续性可以理解为代际公平——当代人和后代都能平等获得资源与机会（王思博和王得坤，2017）。近年来，我国面临着人才流失、人口红利消失、人口老龄化、子女教育等社会保障问题，随着房价的居高不下，巨大的生活压力导致居民的消费预期降低。因此，缓解社会保障问题，有利于可持续消费模式的健康发展。我国人力资本问题较严重，人才流失情况居世界前列，国内"996"、"007"等加班风气愈演愈烈，教育领域也出现"打鸡血"似的竞争状态，整个社会呈现出一种"紧绷"、"内卷"的状态。人们为了争夺有限的资源而不得不作出超出资源匹配的多倍努力，这与社会可持续性背道而驰。如果社会可持续性得不到满足，消费模式的经济可持续性将受到损害。

3. 环境可持续性

可持续消费模式是不以牺牲生态环境为代价的一种理性消费模式，要求消费主体在开采环境资源时铭记资源的有限性，避免盲目消费和过度消费。《中国生态足迹报告 2012》显示，中国从20 世纪 70 年代初就处于生态赤字状态。经济发展和消费的快速增长是中国生态足迹增加的主要原因。我国环境保护的三大政策是："预防为主，防治结合政策"、"谁污染、谁治理政策"和"强化环境管理政策"。环境既是一种稀缺资源，也是共有资源，在人类命运共同体的大环境下，没有人能独善其身，环境破坏者必须承担治理成本。政府作为环境保护的监督者和管理者，要联合企业承担起环境保护与污染治理的责任。同时，要不断完善环境保护机制与体系，建立健全的环境保护职能机构。

二、可持续消费模式的基本内容

党的十八大报告提出要把生态文明建设融入经济建设、政治建设、文化建设和社会建设中，党的十九大报告和国务院印发的《生态文明体制改革总体方案》，将生态文明建设视为国家战略高度层面的方向。此外，随着"健康中国"战略的推进，构建"绿色低碳的生活方式，反对奢侈浪费和不合理消费"已提上日程。可持续消费模式涵盖了居民衣、食、住、行等方方面面，指导着居民的消费行为。

（一）可持续消费模式的特征

可持续消费模式的特征表现为文明消费、节约消费和低碳环保消费三个方面（张建平等，2015）。

1. 文明消费

文明是指人类社会的进步状态，其实质是人类社会的平等程度。众所周知，法律是道德的底线，文明是高于法律标准与社会公德的更高层次的一种标准。文明消费主要依靠消费者自觉，文明消费要求消费者在消费时自觉遵守公共秩序与道德，将公共利益摆在个人利益之上，以大局为重；消费者消费时注重资源的完全利用，减少浪费和盲目消费，培养节约意识和环保意识；注重生态环境保护，以"人类命运共同体"视角寻求文明消费的平衡点，完成可持续消费模式的不断优化。

2. 节约消费

节约以往是指个人消费时的节省与俭约，随着全球环境的恶化与资源的紧张，现如今的节约提升到了"社会公约"的新境界。节约不再是仅仅从个人的经济利益出发，而是考虑到多数人、社会、国家甚至全球整体的利益，为了追求整体的经济效益和环境效益而作出的个人"牺牲"。节约消费要求消费者对资源进行合理配置，以减少不必要的浪费，并争取在必要的环节进行简化，对资源进行完全利用。节约消费强调减量，适度与循环利用。

3. 低碳环保消费

低碳环保是指减少温室气体（尤其是二氧化碳）的排放，从而减少对大气污染的一种环境友好的行为。低碳环保消费要求消费者在消费时尽量选择环境影响小的产品。为了减缓生态恶化的速度，消费者应该秉持"低碳化、环保化"的消费理念，将其渗透至生活中的服装、食物、住房、交通等方面，如垃圾分类、减少食物浪费、二手服装循环处理、增加公共交通出行等。降低生活与生产中的碳排放以及环境影响是缓解气候问题、保护自然、面向可持续发展的重要手段，也是人类生存与发展的客观需要。

（二）可持续消费模式的类别

生产和消费的可持续性是国家经济发展可持续的主要驱动力，可持续性发展体现在生产与生活的各个方面。可持续消费和生产是实现经济、社会和环境可持续发展的重要途径，其中可持续农业和食物消费模式不仅可以提高人们的营养健康水平，而且有利于减少人类社会对生态环境的影响。可持续消费模式包括可持续食物消费模式、可持续住房消费模式、可持续服装消费模式和可持续交通消费模式。

1. 可持续食物消费模式

食物的可持续性发展作为最基本的领域，不仅与居民营养健康状况有关，还与社会经济和资源环境有着莫大的联系。可持续食物消费模式是可持续消费理念在食物消费领域的具体应用，既满足当代人的营养和健康需求，同时也符合人类社会发展阶段特征和自然规律，是对自然资源、生态环境及社会环境的负外部性降低至最低水平的食物消费模式。中国可持续食物消费模式的基本特征为消费数量方面，适度和节约消费；消费内容方面，结构合理和营养健康；消费方式方面，绿色低碳和文明道德。可持续食物消费模式具体表现为适度消费和绿色消费相结合，鼓励素食优先、减少肉类消费等内容。可持续食物消费的基本原则主要包括适度原则、公平原则和以人为中心原则（王灵恩等，2018）。

（1）适度原则。在满足人类基础生存需求条件之下，尽量不要超过生态环境的承载能力以及个人的经济承受能力，并在不降低消费水平的前提下，拒绝多余的消费；消费水平要适应生产力发展水平和收入水平，避免超前消费。简单而言，在满足食物本身营养物质的利用最大化和人类生理需求相结合的基础上，食物消费需求不超过地球承载能力。食物消费的效用满足边际递减原则，当消费量超过一定的阈值，消费者获得的满足感会逐渐降低，消费效用可能变成负值。因此，过度消费、盲目消费等非理性消费行为带来的满足感可能并不与消费投入成正比。同时，食物消费带来的食物不完全使用、食物浪费、食物包装垃圾以及其他废弃物会造成一定的环境污染。

（2）公平原则。在一定时期和范围内，食物资源具有相对有限性以及时空分布不均衡性的特征（王佳月和辛良杰，2017）。因此，食物消费模式在不同层次要遵循公平原则。从代际公平来看，当代的食物消费不能损害下一代的食物消费，当代人如果消耗了过多的不可再生资源，就会剥夺后代公平追求物质生活的权力。因此，为了人类的可持续发展和对美好生活的追求，应该考虑食物消费的代际公平原则。从代内公平来看，地球上的各个国家、各个地区、各个种族都平等地享有地球资源，任何国家或地区都不得为了自身发展和消费牺牲其他国家或地区的利益。但是，由于社会、经济、文化等因素的影响，发达国家和发展中国家的生活水平差距很大，不同地区的食物资源也很难达到平等，代内公平是需要持续追求的目标。

（3）以人为中心原则。可持续食物消费的本质是为了人类长久、高质量的发展，出发点和落脚点都在于"人"。《里约环境与发展宣言》中提到："人类正处于备受关注的可持续发展问题的风暴中心，他们应该也必须享有健康和谐统一的环境并且享有拥有安全并具有生产成果的生活权利。"可持续消费的主要目标就是人类的欲望和需求在环境允许的前提下也能得到最大的满足。因此，可持续食物消费不仅要满足所有人的基本需求，而且要向所有人提供良好的生活环境和物质精神需求。因此，促进可持续食物消费落到实处有益于全方位体现人的个性和发挥人的消费潜力，并进一步实现人的全面发展的需求。

可持续食物消费模式表现出以下特征：在消费数量上，倡导适度消费和节约消费；在消费内容上，倡导营养均衡的健康消费结构，食物消费要考虑个人身体素质和营养需求，参考全球热门的饮食模式（如地中海饮食、得舒饮食和弹性饮食等），追求膳食均衡、环境友好的健康饮食结构；在消费方式上，倡导环境友好和考虑公共利益的文明低碳消费方式（王灵恩等，2018）。

2. 可持续住房消费模式

住房消费模式主要受到住房制度的影响，中国住房制度的发展变迁大致可分为四个阶段（陈杰，2019；张军，2021）。第一阶段为中华人民共和国成立至改革开放前的计划经济阶段（1949～1978年），城市住房供给制度初步建立，主要为低租金的单位福利住房供给模式。第二阶段为房地产市场初步形成阶段（1979～1997年），住房制度开始改革，住房模式逐渐向住房货币化方向发展。1980年6月，中共中央、国务院批转《全国基本建设工作会议汇报提纲》，正式提出住房商品化政策，指出个人可以新建、购买或拥有自己的住房。1994年，《国务院关于深化城镇住房制度改革的决定》发布，为房地产市场的建立作出政策指导。1998年，亚洲金融危机爆发，《国务院关于进一步深化城镇住房制度改革加快住房建设的通知》发布，明确提出"1998年下半年开始停止住房实物分配，逐步实行住房分配货币化"。自此福利性住房制度结束，进入第三阶段（1998～2009年）。同时为房地产市场的健康发展我国先后发布了《国务院关于促进房地产市场持续健康发展的通知》（2003年）和《国务院办公厅关于切实稳定住房价格的通知》（2005年），引导消费者合理进行住房消费。2010年我国进入社会转型时期，住房制度进入转型阶段（2010年至今）。在此阶段，政府出台了一系列政策以引导住房消费，在一定程度上抑制了投资性购房需求。2018年，住房和城乡建设部发布了《关于进一步做好房地产市场调控工作有关问题的通知》，明确要坚持房地产调控目标不动摇、力度不放松，强调政府"房住不炒"的坚定态度。

可持续住房消费模式的关键在于"可持续"，要求建立资源节约型、环境友好型住房消费模式，既要满足当代人对住房的需求，又要满足下代人的基本需求，不损害后代住房消费的可持续性。构建可持续住房消费模式，要追求环保节能的住房消费材料，构建"理性消费、适度消费、梯度消费、健康消费"相结合的可持续消费体系，发展环境友好型住宅（帅晓林，2009）。目前，我国住房消费行为存在"超前消费、过度消费和盲目消费"。为建立可持续住房消费模式，董道红（2012）提出要树立住房梯度消费观念，即消费者要树立以梯度消费为中心的观念，政府实行与梯度消费相关的税收等政策。

3. 可持续服装消费模式

党的十九大报告中明确提出要推进绿色发展，加快建立绿色生产和消费的法律制度和政策导向。在《关于促进绿色消费的指导意见》中，政府明确提出旧衣"零抛售"、完善居民社区再生资源的回收体系、有序推进二手服装回收再利用、抵制珍稀动物皮毛制品、鼓励包装减量化和再利用等指导性建议。可持续发展思想引入并贯彻于服装行业，便形成了可持续服装消费理念和可持续服装消费模式，服装行业的可持续发展取决于消费者的消费行为的可持续性（Minton 等，2015；Dong 等，2018）。可持续服装消费模式要求消费者的服装消费行为具有可持续性。按照购买、使用、处理和废弃三个阶段而言，购买阶段的可持续消费行为包括环保服装的购买、减少服装购买量或购买二手服装；使用阶段主要指服装租赁、分享、出租等可以延长服装生命周期的协作消费；处理和废弃阶段主要指消费者合理处置服装的行为，如参与回收或重新利用等。

可持续服装消费模式受到经济、社会、文化等因素的影响，在消费方面，梁建芳和程婉莹（2020）指出服装可持续不仅取决于材料、设计和生产条件，还取决于消费者及其意愿、行为和习惯，消费者是贯彻落实服装可持续性消费的重要因素，即可持续消费的研究重点已经扩展到价值链的消费阶段。推进中国可持续服装消费循环体系，需要消费者转变不合理的消费观念，增强绿色消费意识。"衣不如新，人不如故"的传统观念已逐渐不适用于当下倡导绿色环保的大环境。随着经济和服装产业的迅猛发展，服装消费的周期越来越短，闲置服装的二次使用和循环并没有完善的体系，消费者的服装再利用意识较低，导致废弃服装数量的迅速加快（和嘉伟等，2019）。

4. 可持续交通消费模式

2004 年，欧洲交通部长会议提出可持续交通概念，即通达、安全、环境友好和买得起的交通系统。可持续交通要求出行过程中考虑个人的环境责任，强调"人类与环境系统的和谐以及人类代际的公平"。具体而言，可持续交通是经济实惠、高效的交通方式，在环境系统可承受的范围内限制有害气体排放、垃圾和噪声，减少不可再生资源的使用，将可再生资源的消费降至可持续产出的水平，并重复使用和回收资源。中国工程院院士唐孝炎（2007）提出了绿色出行的概念，指在城市交通中尽可能减少每次出行平均消耗的化石能源、采用对环境没有或很少有负面影响的交通行为，如步行、骑自行车和乘坐公共交通等。

可持续交通消费模式是个人对环境负责的一种具体表现形式，表现为减少汽车出行的频率。可持续交通消费模式的实施受到社会、经济、环境等因素的影响。从个人层面来看，可持续交通行为受到个人价值观体系中生态主义、利他主义的影响；从人际层面来看，人际环境对可持续交通行为有重要作用，通过共同理念、人际关系以及周围环境可以影响行为改变；从复合层面来看，同时考虑个人、人际以及社会等层次的相互作用和共同影响。行为改变阶段的跨理论模型（The Transtheoretical Model，TTM）认为（Prochaslca 和 DiClemente，1983；刘宇伟和曹小春，2016），个人试图改变行为时，将螺旋状经历五个阶段，包括认识前阶段（根本不考虑改变）、沉思阶段（不得不考虑改变）、准备阶段、行动阶段和保持阶段，利用该理论，可以有效地促进交通消费模式的可持续发展。

第二章
全球食物消费分析

一、国内食物消费区域性特征

我国食物消费受到地理、气候、宗教、经济、科技等因素的影响，呈现出多样化的特点（李建刚和冯文娟，2018）。

（一）地理和气候

我国疆域辽阔，拥有复杂的地形、地貌，横跨五大气候类型：热带季风气候、亚热带季风气候、温带季风气候、温带大陆性气候和高山高原气候。气候区不同，蔬菜、水果、粮食作物的种植会不同，食物的储存、烹饪方式和口味也会不同，不同的地理环境下形成了丰富的饮食风格。我国食物消费模式的特点，大体上可以形容为"南甜北咸，东辣西酸"。

热带季风气候主要分布在云南南部、海南岛、台湾岛南部等，该气候的主要特点表现为全年高温，风向影响降水的强度，春秋冬季降水量少，夏季受印度洋西南风的影响而降水量较多。亚热带季风气候主要分布在南方的大多数城市，即秦岭—淮河以南、青藏高原以东的城市，该气候的主要特点表现为四季较分明，夏季高温多雨，冬季少雨。温带季风气候主要分布在秦岭—淮河以北、黄土高原、大昌梁山、阴山、兴安岭以南以东，包括北京，该气候的主要特点表现为四季分明，夏季高温且雨水充沛，冬季寒冷干燥。温带大陆性气候主要分布在中国西北，如新疆、甘肃、内蒙古和宁夏，该气候的主要特点表现为全年干燥少雨，夏季炎热、冬季寒冷，日温差和年温差都较大。高山高原气候主要分布在青藏高原、青海、西藏、四川西部、云南西部，该气候的主要特点表现为常年低温、降水量少、紫外线强，且昼夜温差大。

气候影响水果、蔬菜、谷物的分布。众所周知，"橘生淮南则为橘，生于淮北则为枳"，气候、土壤和光照对水果的生长有显著的影响。南方地区盛产椰子、芒果、菠萝等热带、亚热带水果，这些水果需要在 0℃ 以上的环境中生存；部分亚热带水果（如柑橘、枇杷等）抵御寒冷的能力略强，但是无法承受 -9℃ 左右低温的冻害，因此，这些水果分布在秦岭—淮河以南地区；秦岭—淮河以北的温带地区则盛产苹果、梨、柿子、葡萄等温带水果。对于蔬菜、谷物等作物，秦岭—淮河以南地区，降雨量充沛，是种植水稻的好地方，因此，南方一直以大米及大米制品（如米粉、米糕等）为主食。秦岭—淮河以北地区历来"十年九春旱"，适合种植耐旱的小麦，因此，北方主要以面粉制品（如馒头、面条、包子、饺子等）为主食。内蒙古、西北地区和青藏高原雨水少甚至干旱，不适合种植农作物，这些地区便依靠放牧，以牛羊肉及其奶制品为主食。

"南甜北咸，东辣西酸"代表着我国大体上的一种饮食风格。"南甜"：南方大部分地区属于亚热带潮湿气候，天气炎热多雨，日照充足，盛产甘蔗。南方人被糖类包围，也便利用糖做出独具特色的甜口佳肴。江浙沪一带的口味偏甜，糖是做菜的必备佐料，苏菜是"南甜"的代表菜系。"北咸"：北方地处暖湿带，温差较大，在过去，寒冷的冬季无法储存很多蔬菜水果，便有了将蔬菜腌制起来存储的习惯。北方有一种说法叫作"咸中得味，淡而无味"。以鲁菜为"北咸"的代表，这是中国最早的风味菜。"东辣"：江西、湖北、湖南、贵州等地区的饮食口味以辣为主，这是因为这些地区潮湿，而且在过去经济比较落后，吃辣不仅很下饭，还可以驱寒祛湿，养脾健胃。"西酸"：西部地区的水质偏硬，水土中含有大量的钙元素，吃酸性食物可以减少体内结石的形成。山西"老陈醋"享誉全国，不仅能在食物中调味，也能直接饮用。

（二）民族

我国有56个民族，每个民族都有独特的饮食文化，其中有一些民族的饮食文化传统经历了岁月的洗礼延续至今，是中华民族的宝贵财富。例如，藏族主要分布在西藏、四川、青海等地，藏族有饮食"四宝"：酥油、茶叶、糌粑、牛羊肉。其食物多为牛羊肉制品和奶制品，青稞酒、酥油茶是特色。维吾尔族以面食为主，以牛羊肉为主要肉类，蔬菜的摄入相对较少。维吾尔族主要分布在新疆地区，独特的气候条件造就了"新疆瓜果甜"的优势，因此，糖分丰富的水果（如葡萄、哈密瓜等）及水果制品也是他们饮食结构中的重要一部分。也有一些民族由于人口众多，分布在中国的不同区域而呈现出不同的饮食习惯。回族是中国少数民族中人口最多的民族之一，主要分布在宁夏，青海、河北、河南等地也有聚居地，不同地域集群的饮食文化受到当地文化习俗的影响会作出不同的改变，如宁夏地区的回族人爱吃面食，但是青海地区的回族人以小麦、玉米等谷物为主食。

（三）经济和科技

经济发展程度会对区域的食物消费结构产生一定的影响。张起钧（1999）曾指出，"假如山东菜占个贵字，则淮扬菜占个富字……四川菜是给知识分子、小市民吃的，淮扬菜是给富商吃的"。扬州自古就是经济重镇，因此会将其评价为"给富商吃的"，这说明一个区域的经济水平和消费力会严重影响当地的食物消费水平。改革开放之初，广东经济发展迅速，其饮食习惯形成了一定的代表性，因此吃粤菜和海鲜就成为高端应酬场合的首选。同样地，一线城市的经济发展和消费水平都比其他城市高，相应食物消费的整体水平也高于其他城市，但是低收入居民的营养状况会因此受到影响。随着经济的不断发展，人们的食物消费水平逐渐提升，随着餐饮业和外卖业的迅猛发展，高油、高糖、高热量的食物层出不穷。这些食物在一定程度上造成摄入脂肪、蛋白质、糖分过多的状况，进而产生过度肥胖、"三高"、冠心病等现代疾病。近年来，西方盛行的"轻食主义"之风逐渐席卷到我国，但是这类被打上"健康"标签的食品却并不便宜，需要一定的经济基础才能支撑这样的健康食物消费模式。"科学技术是第一生产力"，经济的发展促进科技的提升，同时科技也能改变生活。大棚技术使得人们可以吃上反季节的蔬菜，冷链和物流技术使得食物能够穿越千里之外依然保鲜。烤箱、面包机、空气炸锅、自动炒菜机等机器的使用减少了往常烹饪的烦琐步骤，抽油烟机、换气扇改善了厨房的环境，洗碗机使饭后的家务变得轻松……各种科技产品在食物消费领域造福了人们，引领了新的时尚，中西产品的融合逐渐改善了人们的生活质量。当然，科技产品的使用也需要一定的家庭经济基础，可以说，经济和科技共同影响了中国人的食物选择和消费水平。

二、中西食物消费差异原因

中西食物消费模式的差异主要包括食物消费观念的差异、食物消费方式的差异和食物消费内容的差异。

（一）食物消费观念的差异

1. 中国食物消费观念

中国人餐桌上的美食注重"色香味俱全"，也就是视觉、嗅觉和味觉均要得到满足。中国人历来有"民以食为天"的观念。平日里的餐食就丰富多样，人们根据季节的变化来调味搭配，夏天讲究开胃解暑，冬天注重味浓暖身。同一个季节走遍中国的天南地北，吃到的餐食丰富多彩、各具特色；同一座城市从春夏待到秋冬，也能在餐桌上感受到四季的变换。到了节假日，餐桌上的菜品不仅比平日的做法复杂，更有各个节日特有的食物。元宵节吃汤圆、清明节吃青团、端午节吃粽子、中秋节吃月饼、春节从腊八到大年三十，每一天都是"满汉全席"。除了传统佳节，中国人每逢喜事要庆祝，也必然会想着"吃一顿好的"。喜事的美好寓意常常从食物中体现，如新生儿的诞生要吃"红蛋"来庆祝，寓意着生命的延续。中国人对于食物的追求是极致的。除了对口味的追求，中国人很注重餐桌上的养生。受到中医的影响，中国人讲究"医食同源"和"药膳同功"，"清热解毒"、"健脾祛湿"、"败火"等词语常被用来形容食物的功能，将有药用功能的食物做成菜肴，以"食补"来进行某些疾病的防治。中国食物消费观念受到的争议主要在于缺少现代营养学的理论支撑，如传统中国人浓郁的骨头汤补钙的观点已被现代营养学证实为不正确，反而是高汤里的高嘌呤、高脂肪可能引发痛风等疾病。因此，中国食物消费观念面向营养和健康还有很大的进步空间，应不断追求"色香味"与"营养健康"的融合。

2. 西方食物消费观念

西方食物消费观念是一种相对理性的观念，讲究科学的搭配，考虑到常量营养素（蛋白质、脂肪、碳水化合物）和微量营养素（矿物质、维生素）的摄入，而对于食物色、香、味的关注较少，尤其是调料的使用更为简单。西方人对于食物的认知有一种形而上学的机械化特点，他们对于食物口味的要求可能只是在于"吃饱"。值得借鉴的是，西方很多学校食堂配有营养师，保证青少年的营养均衡。但是，并不是所有人都能实施健康膳食，西方国家的"快餐文化"盛行，高脂肪、高热量、高糖的油炸食品和甜品同样危害人们的健康，导致肥胖率上升和一些现代疾病的蔓延。

随着互联网的发展和经济水平的提升，西方食物消费观念在近年来对我国产生了一定的影响。尤其是在年轻人中，"轻食文化"逐渐蔓延，越来越多的年轻人为了追求瘦身或是肠胃减负，开始尝试"轻食"——即以粗粮为主食、搭配适量脂肪少的肉类和大量简单烹饪或是不烹饪的蔬菜的饮食结构。全麦面包、牛油果、美式咖啡等被西方标榜为健康的食物逐渐走上中国人的餐桌。而从西方传过来的"快餐文化"逐渐被中国人标榜为不健康的、垃圾食品。中西食物消费观念的交流与融合有助于双方形成更为合理的饮食模式。

（二）食物消费方式的差异

食物消费方式主要包括共餐制、分餐制和公筷公勺制三种。共餐制是指一群人围坐在一张桌子前，使用各自的餐具来分享餐桌上公共的食物，一边用餐具取食物一边吃，可以减少自己碗中食物没吃完的浪费现象。分餐制是指在吃之前先将食物分配到每个人的餐具中，避免了餐具的碰撞，但是可能导致个人的浪费现象。公筷公勺制结合了二者的优点，既是即取即吃，又因为公共餐具的使用避免了唾液的交流，同时促进消费者对未吃完食物的打包意愿，能够有效减少浪费，是新时代餐桌倡导的用餐方式。

1. 中国食物消费方式的演变

魏晋以前，中国从平民百姓到皇权富贵的用餐方式均以分餐制为主。魏晋之后，随着经济水平的提升和民族文化的融合，中国人的情感交流需求逐渐提升，共餐制开始萌芽。到了唐朝，共餐制正式诞生，人们逐渐开始习惯围着圆桌觥筹交错的用餐方式。宋代共餐制成为主流用餐形式，发展到明清时期，共餐制彻底取代分餐制，成为家家户户共同的用餐方式，也是中国特有的用餐文化。共餐文化体现了中国人民的友爱与热情，不管是家庭聚餐、好友聚餐、商务聚餐、宴会等场合，都能够凑成一桌共进美食。饭桌上人们不仅共同分享食物，更是交流感情的好场合，互相夹菜、敬酒等行为都传递着中国人民的情感。但是，如此友爱的场景也不免带来一些安全隐患。一些通过唾液传播的疾病如幽门螺杆菌（Helicobacterpylori，Hp）、甲型肝炎病毒（Hepatitis A Virus，HAV）和手足口病（Hand-Foot-Mouth Disease，HFMD）等传染病在饭桌上传播的概率大大提升。

近年来，随着健康知识水平的提升，人们逐渐意识到共餐制的卫生问题，因此产生了一种新的用餐方式——公筷公勺制，这是中国新时代用餐方式对分餐制和共餐制的科学融合，是一种科学文明的用餐方式。公筷公勺制既保留了中国菜肴丰富，用餐时情感交流所方便的共餐模式，又避免了卫生健康问题，是当下中国推崇的文明、合理食物消费新方式。餐馆的餐具安排逐渐从一人一套餐具的模式转变为每人多加一双公筷、一个公勺或每道菜加一份公共餐具的模式。这种用餐模式大大减少了人们唾液的交流，有效切断了各种传染病在饭桌上的传播途径，唯一的缺点可能是用餐时的步骤相比共餐制稍微烦琐了一些，可能会在饭桌上花更多的时间。

2. 西方食物消费方式

西方的分餐制从 17 世纪工业革命之后开始流行，这种自助餐的用餐形式在西方一直延续至今。简单来说，分餐制可以用一人一套餐具，一人一份食物来形容。分餐制在一定程度上避免了人们的唾液交流，保证了卫生健康问题，同时在理论上减少了浪费的现象。但是，相对于共餐制，分餐制没有互相夹菜或者劝酒的习惯，餐桌上的情感交流不如中国人热烈。同时，西方餐桌上的食品种类没有中国的丰富，这也是分餐制可以一直延续至今的重要原因之一。

中西食物消费方式各有优缺点，都是符合各自饮食特点、国情和国家文化的方式，二者可以相互借鉴、相互融合，不断探索更加方便、卫生又不降低餐桌热情的用餐方式（王佳，2011；郭娟和崔桂友，2019）。

（三）食物消费内容的差异

食物消费内容包括吃什么和怎么吃，吃什么是指食物品种的选择，怎么吃是指烹饪方式的选择。中西方文化传统的不同造就了食物消费内容上呈现显著的差异（杨晶和肖子薇，2018）。

1. 吃什么

中国人的餐桌上普遍出现的饮食结构是以五谷杂粮为主食、伴以大量蔬菜和适量的肉类。从常量营养素摄入的角度来看，碳水化合物主要来源于水稻、小麦和玉米等谷物；脂肪主要包括动物性来源（猪油、牛油、鱼油、奶油等）和植物性来源（芝麻、葵花籽、茶籽、花生、黄豆等）；蛋白质主要来源是粮谷类蛋白质。中国农业起源于新石器时代，中华民族几千年来都以种植为主，农耕文明刻在中国人的基因里。中国人经历过食物贫乏的年代，填饱肚子都成问题，因此，小麦和玉米作为主要谷物承担了中国人的生存保障，即使饥荒年代已经过去，谷物仍是中国人餐桌上不变的主食。1973 年袁隆平团队研发出第一代杂交水稻，提高水稻产量达 20% 以上，1976～2013 年杂交水稻促进了 8000 亿千克的粮食增产，既缓解了人民的温饱问题，又促进了中国经济的发展。杂交水稻产量高、植期短的特点让中国人民吃上了便宜、安全的大米，成为中国大部分地区的主食。蔬菜的选择常常是应季、时令蔬菜。每一种作物的生长都需要适宜的环境，温度、湿度、日照强度等条件都影响作物的生长与成熟。一般来说，应季作物的产量大，价格实惠且口感好。虽然国内大棚蔬菜技术已成熟，人们不难吃到反季节的作物，但是人工调节的模拟环境还是不如自然生长的最适性，通常情况下人们还是会选择应季蔬菜。肉类以猪肉、鸡肉、鸭肉、牛肉、羊肉、鱼虾等为主，不仅家禽的肉会做成食物，部分动物内脏经过清理和烹饪也能变成盘中餐，大部分动物内脏营养价值高于肌肉，如肝脏的蛋白质含量高，脂肪含量低，但是胆固醇稍高。中国人食物品种选择的丰富程度是举世闻名的。

西方人受到传统游牧、航海文化的影响，以渔猎为主，种植为辅，因而喜欢吃肉类和生冷食物。荤菜占据西方饮食的主要地位，以牛肉、羊肉、鸡肉等为主。西方人蛋白质和脂肪摄入的主要来源是动物，碳水化合物主要来源于小麦。虽然西方肉蛋奶的摄入比例高于中国，但是他们高糖、高脂肪的甜食既是"热量炸弹"，也是肥胖率提升的重要因素。近年来，西方逐渐流行吃素或是轻食，相较于传统荤菜占主导地位的饮食结构，他们越来越重视蔬菜的摄入。尤其是在白领人群中，一杯冰美式、一份轻食就构成了一顿简单的工作餐。

2. 怎么吃

中国人习惯吃素食、热食和熟食，除了一小部分凉菜和特有的腌制食品，大部分食物都是烹饪成熟后再食用。经过高温杀菌可以大大减少食品中寄生虫或残留农药对人体的危害，同时减少因为误食生食而造成食物中毒的风险。中国的烹饪方式包括煎、炒、爆、炸、溜、焖、蒸、煮、炖、烤、烩等，每一种烹饪方式制作的菜肴的口感、外形和味道都有差异，风味百变。

西方人的烹饪方式主要有煎、烤、焖、炸几种。他们讲究保留食物原本的味道，食物烹饪过程越简单越好。除了肉类的简单烹饪，蔬菜多简单制作为沙拉、冷菜等。这种烹饪方式虽然减少过度烹饪的危害，但有限的口味缺少了享受美食的乐趣。

三、全球食物消费特点

（一）亚洲及太平洋地区食物消费特点

亚洲及太平洋地区（Asia and Pacific）有 41 亿人口，占世界人口的一半以上，但是农业用地只占比 30%，使得环境压力不断增大。中国作为亚太地区的重要国家，是世界粮食的主要生产国，尤其是大米，占全球产量的 90%。中国对全球大米、小麦和粗粮产量的贡献长期保持稳定。全球近 70% 的鱼类产量是由亚太地区生产的，其中大部分来自中国的捕捞渔业和水产养殖生产。作为一个人口增长放缓但收入增长强劲的地区，植物油、动物产品、乳制品消费量逐渐增加，平均卡路里摄入量为 2830 千卡，平均蛋白质摄入量为 80 克/天，每年人均肉类消费量为 33.5 千克（每日热量的 8%）。人均大米消费量在该地区的许多国家非常重要，通常占可获得热量的 50% 或更多。由于该区域各国土地短缺，生产力提高和集约化将导致作物产量增长。灌溉的扩大和改良的种子品种占了产量增长的很大一部分，但由于缺水和大量使用化学投入，环境和食品安全问题日益突出。

　　2015～2018 年亚洲及太平洋区中的东南亚地区、中国（包括大陆、台湾、香港、澳门）和印度的人均食物供给卡路里（Food Supply，单位：千卡/人/天）如图 2-1 所示。图中食物种类包括谷物，不包括啤酒（Cereals-Excluding Beer）；肉（Meat）；蛋（Egg）；牛奶，不包括黄油（Milk-Excluding Butter）；水果，不包括酒（Fruits-Excluding Wine）；糖和甜味剂（Sugar & Sweeteners）；蔬菜（Vegetables）；植物油（Vegetable Oils）。

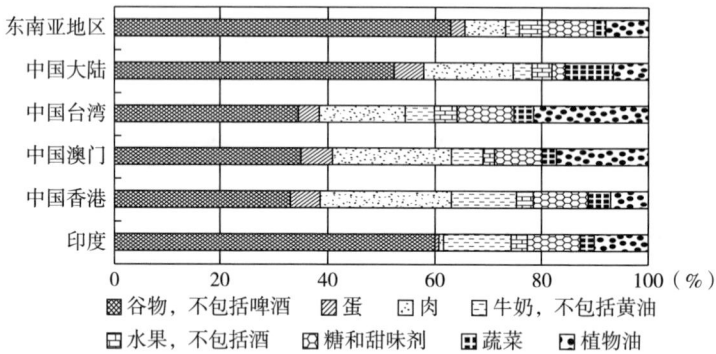

（a）2015年

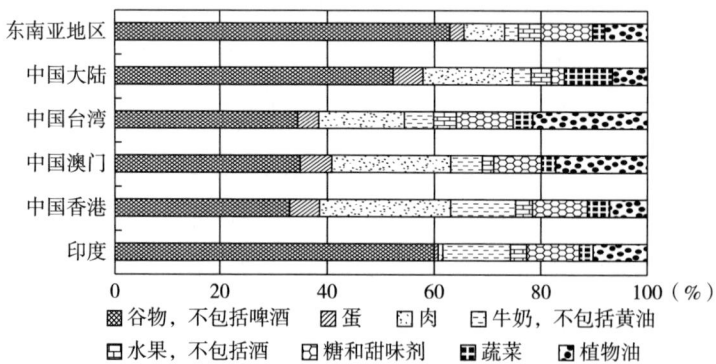

（b）2016年

图 2-1　亚洲及太平洋区人均食物供给占比

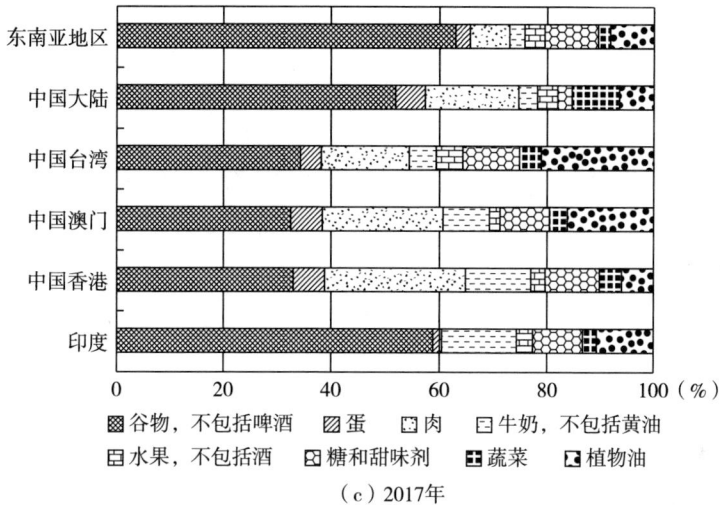

（c）2017年

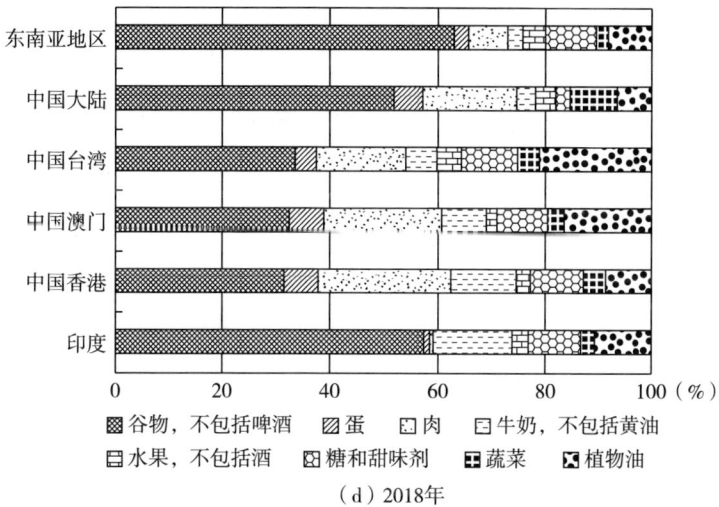

（d）2018年

图 2-1　亚洲及太平洋区人均食物供给占比（续）

由图 2-1 可以看出，东南亚地区的食物消费结构的特点是以谷物为主（占比 60% 以上），肉蛋奶为辅（占比 10% 左右），蔬菜、水果的占比很少（不到 5%），但是糖类和植物油提供的热量占比较多（各占10%左右）。印度的食物消费结构与东南亚类似，只是肉蛋奶的占比不同，东南亚以肉类为主，而印度以牛奶为主，肉蛋类占比只有2%左右。对于中国地区，大陆和港澳台地区呈现出不同的特点。大陆主要以谷物为主（占比50%以上），肉蛋奶为辅（25%左右），蔬菜提供的热量也占10%左右。港澳台地区谷物和肉蛋奶的供能占比不相上下，其中香港地区的肉蛋奶供能大于谷物，而台湾地区的植物油供能占比相对较高，占20%以上。

亚太地区各种食物的脂肪供给（Fat Supply Quantity，单位：克/人/天）和蛋白质供给（Protein Supply Quantity，单位：克/人/天）如图2-2所示。从图2-2可以看出，植物油只能提供脂肪；糖类、水果提供40%左右的脂肪和60%左右的蛋白质；谷物、蔬菜提供15%左右的脂肪和85%左右的蛋白质；蛋、奶提供45%左右的脂肪和55%左右的蛋白质。

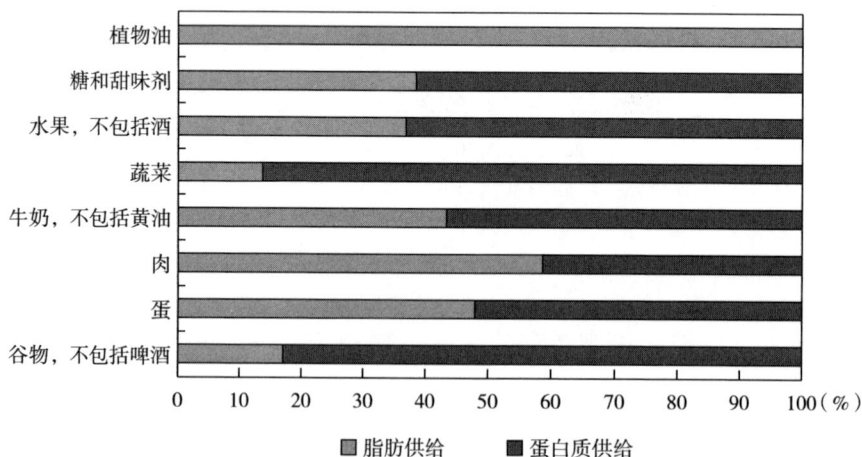

图2-2　亚洲及太平洋区人均食物脂肪和蛋白质供给占比

（二）撒哈拉沙漠以南非洲地区食物消费特点

撒哈拉以南非洲地区（Sub-Saharan Africa）的人口和经济增长情况非常独特。人口增长速度是 6 个地区中最高的，尽管城市化发展迅速，但目前为止经济状况仍是各地区中最低的。任何粮食价格或收入冲击都可能对粮食安全和经济福利造成严重影响。撒哈拉以南非洲是一个农业生态多样化、土地丰富的地区，占全球耕地的 14% 和牧场的 21%。然而，由于农村地区人口密度高，大多数可用土地集中在少数国家，许多国家的农业部门面临土地短缺。该地区的主食为粗粮、豆类、根和块茎。由于其巨大的消费需求，该地区消耗了全球 37% 的根茎和块茎，21% 的豆类，但总量仅占全球主食的 7%。与其他地区相比，撒哈拉以南非洲地区的糖和植物油消费量保持在较低水平，均仅占全球消费量的 7%。总体来说，撒哈拉以南非洲地区主要粮食商品的自给率正在下降，因为人口增加速度超过了国内供应的增长速度。该地区人均消费水平是世界最低的，包括谷物、豆类、糖、植物油。卡路里摄入量是世界最低水平，每人每天约 2435 千卡，该地区集中了世界上大多数贫困和营养不良的人。畜牧业的主要饲料来源是根和块茎，其次是谷物，然而，饲料总使用量仅占全球饲料消费量的 4%。

图 2-3 为 2015~2018 年撒哈拉沙漠以南的非洲地区中南非（South Africa）、尼日利亚（Nigeria）、埃塞俄比亚（Ethiopia）和整个地区的人均食物供给卡路里（Food Supply，单位：千卡/人/天）占比情况。撒哈拉沙漠以南的非洲地区主要依靠谷物来供能，平均占比为 60%，其中埃塞俄比亚高达 80%。肉蛋奶的供能占比在不同国家的差距较大，南非高达 20%，而尼日利亚低至

5%左右。南非的肉类占比最多（大于10%），糖类和植物油的供能占比较高（二者共占比超过20%），而蔬菜水果的占比很少（尤其是蔬菜仅占2%左右）。

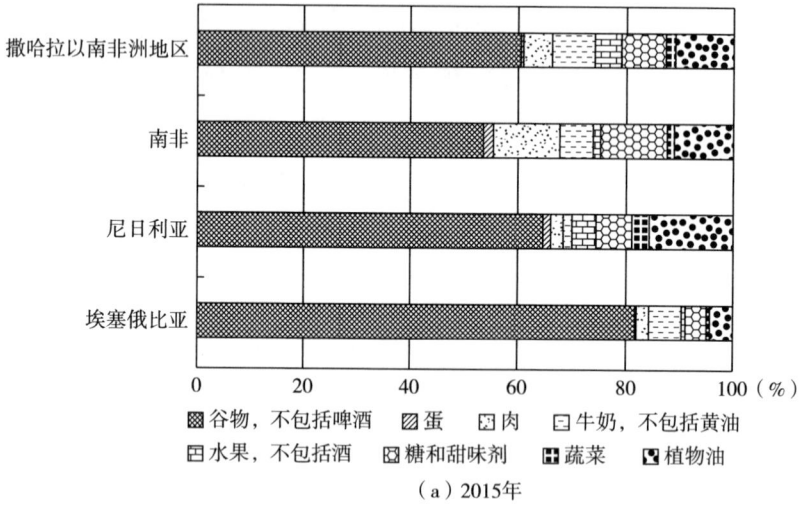

（a）2015年

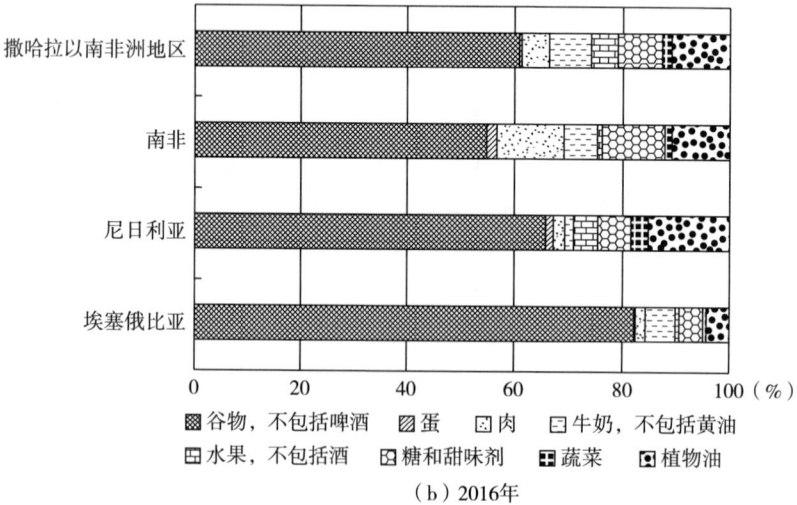

（b）2016年

图2-3　撒哈拉沙漠以南非洲地区人均食物供给占比

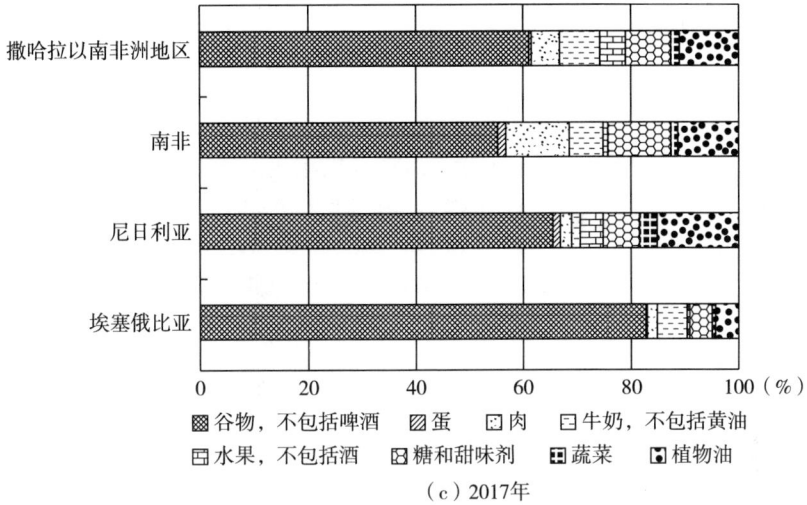

（c）2017年

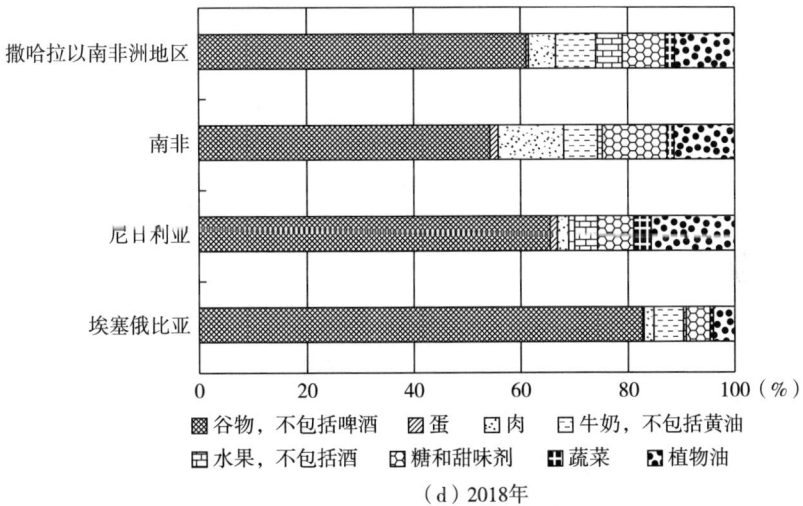

（d）2018年

图 2-3　撒哈拉沙漠以南非洲地区人均食物供给占比（续）

图 2-4 为撒哈拉沙漠以南的非洲地区各种食物的脂肪供给（Fat Supply Quantity，单位：克/人/天）和蛋白质供给（Protein Supply Quantity，单位：克/人/天）占比情况。如图所示，植物

油和糖类分别提供脂肪和蛋白质。

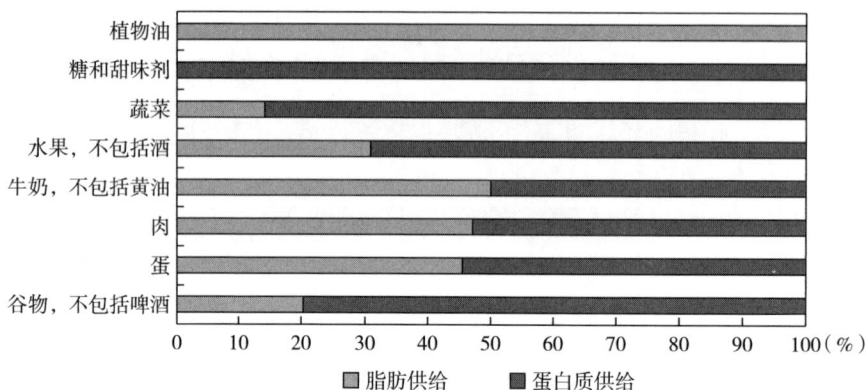

图 2-4　撒哈拉沙漠以南非洲地区人均食物脂肪和蛋白质供给占比

（三）近东和北非地区食物消费特点

近东和北非地区（Near East and North Africa）的土地资源和水资源有限，农业和渔业生产环境恶劣，耕地面积占比不足 5%。除伊朗、伊拉克和毛里塔尼亚外，其他所有国家都面临着缺水问题，有些国家的缺水情况非常严重，人均水资源不足可持续水平的 1/4。作为粮食净进口量最高的区域之一，该地区大多数商品的自给率很低，特别是谷物。该地区是动物饲料的主要进口国。谷物的供应和需求方面都面临着巨大的不确定性，这些不确定性引起了人们对基本食品的担忧。同时，政治冲突阻碍了生产、投资等经济行为，并导致人口流离失所。此外，石油出口收入是该地区收入的主要来源，不稳定的能源市场影响了包括消费和投资在内的经济活动。由于食品支出约占家庭总支出的 16%，收入和价格冲击可能对福利产生重要影响。人口增长是新增需求的主要来源，过去十年人口增长率超过了20%。鱼类产量约占农业和鱼类净产量的12%。由于沿海地区捕捞量的增加，鱼类资源正面临压力。该地区的粮食政策以"粮食安全"为重点，支持基本粮食的消费（主要是谷物）。平均可获得的热量将接近每天3059千卡，略高于全球平均水平的3014千卡，平均蛋白质供应水平为84.2克/天。其中，54%的热量来自谷类食物，这种饮食结构依赖淀粉食物和糖，可能会引起超重、肥胖、糖尿病等各种疾病的发病率的上升。但是营养不良的情况在某些国家仍然普遍存在。

图2-5为2015~2018年近东和北非地区的中北非地区（Northern Africa）、伊朗（Iran）和埃及（Egypt）的人均食物供给卡路里（Food Supply，单位：千卡/人/天）占比情况。该地区同样是以谷物为主要供能食物（占比60%以上），肉蛋奶占比10%左右，糖类、植物油均占比10%左右。肉蛋奶中奶类的占比较大。

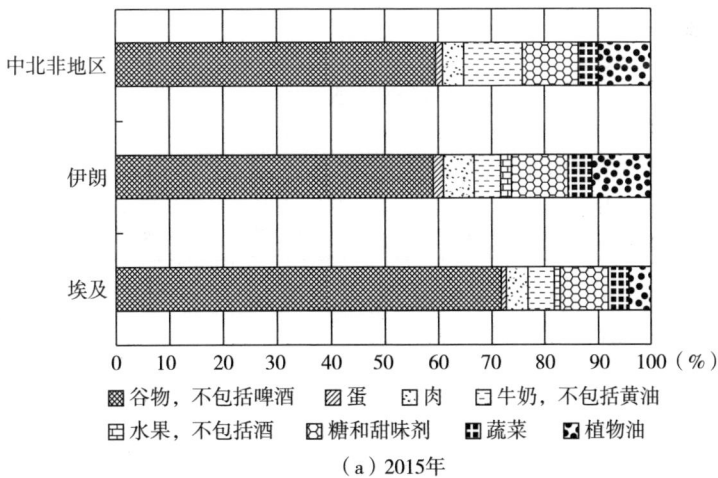

（a）2015年

图2-5 近东和北非地区人均食物供给占比

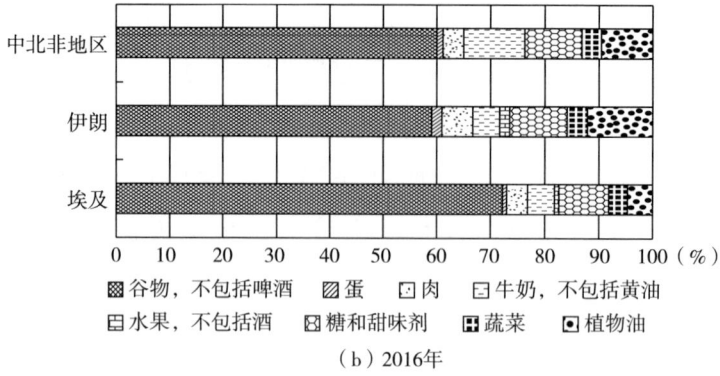

（b）2016年

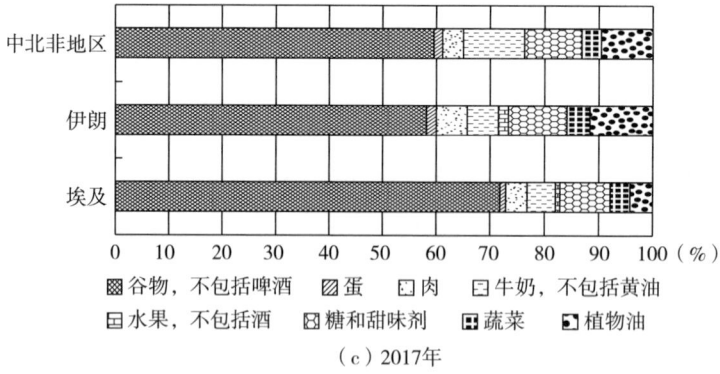

（c）2017年

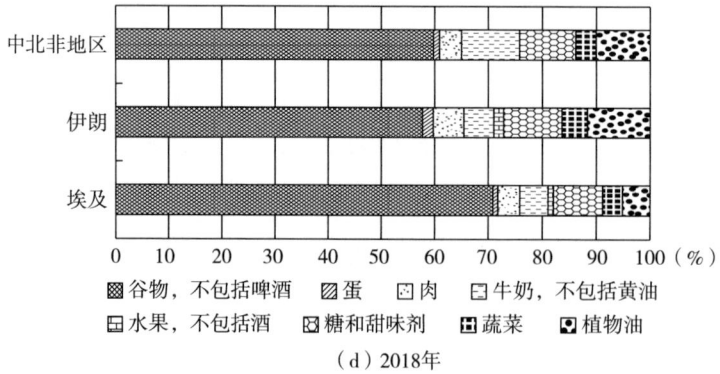

（d）2018年

图 2-5　近东和北非地区人均食物供给占比（续）

图 2-6 为近东和北非地区各种食物的脂肪供给（Fat Supply Quantity，单位：克/人/天）和蛋白质供给（Protein Supply Quantity，单位：克/人/天）分布情况。

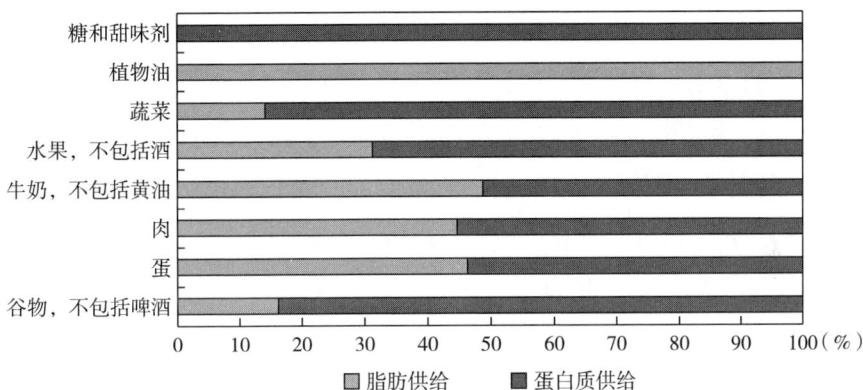

图 2-6　近东和北非地区人均食物脂肪和蛋白质供给占比

（四）欧洲和中亚地区食物消费特点

欧洲和中亚地区（Europe and Central Asia）是一个多元化的地区，包括欧盟、英国、俄罗斯、乌克兰和土耳其等主要农产品生产国。各国在发展阶段、人口统计、农业资源和公共政策方面存在很大差异。该地区的人口正在缓慢增长；西欧停滞不前，东欧萎缩，中亚以每年不到 1% 的速度增长。该地区高度城市化。该地区的平均收入超过 25000 美元，但各国之间贫富差距较大。初级农业、林业和渔业生产占国内生产总值的份额很低，欧洲仅占 1.4%、乌克兰占 11%。该地区的农业和渔业产值占全球的 17%，该占比每年都在下降。作物产量平均约占总生产净值的 56%，鱼类约占 8%，其余约占 36%。相对于其他地区，畜牧业和畜产品是生产和消费的重要组成部分，占农业和渔业生产净值的 1/3。在消费方面，来自动物产品的热量和蛋白质分别占总供应的 21% 和 51%。西欧次区域是牛奶和乳制品的非常大的生产者、消费者和贸易商，虽然它在全球牛奶生产中的份额随着时间的推移正在下降，但奶酪等高价值产品的生产和贸易正在增长。人均新鲜乳制品消费量是世界平均水平的 2 倍，尤其是奶酪更是高出 4 倍。欧洲和中亚地区人均可获得热量为 3385 千卡/天，谷物和豆类消费量逐渐增加，肉类和奶制品消费量小幅增加。西欧人均糖消费量为 43 千克。随着健康意识的增强，欧洲消费者尝试抑制高消费水平，预计食糖的食品需求将继续萎缩。主要由于动物产品的丰富，该地区消耗了全球蛋白质饲料的近 1/4。

　　图 2-7 为 2015~2018 年欧洲和中亚地区中西欧地区（Western Europe）、东欧地区（Eastern Europe）、中亚地区（Central Asia）的人均食物供给卡路里（Food Supply，单位：千卡/人/天）占比情况。

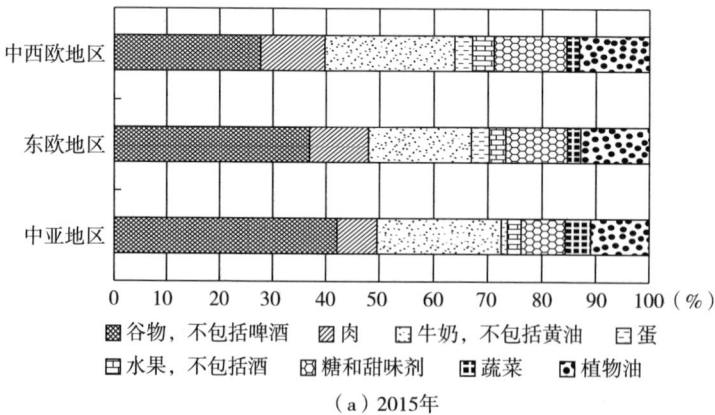

（a）2015年

图 2-7　欧洲和中亚地区人均食物供给占比

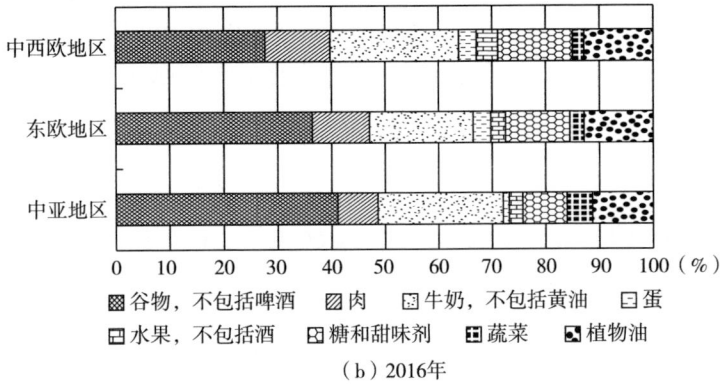

（b）2016年

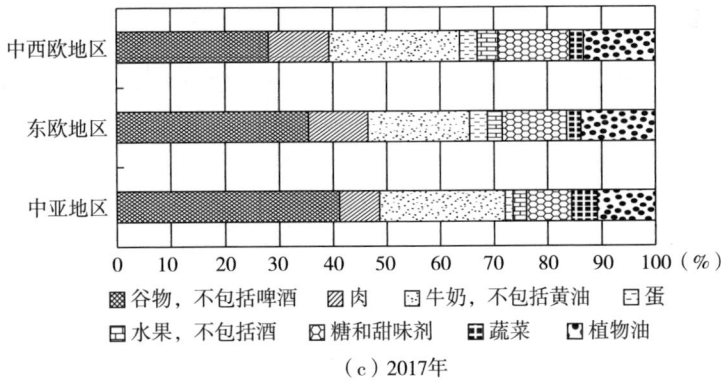

（c）2017年

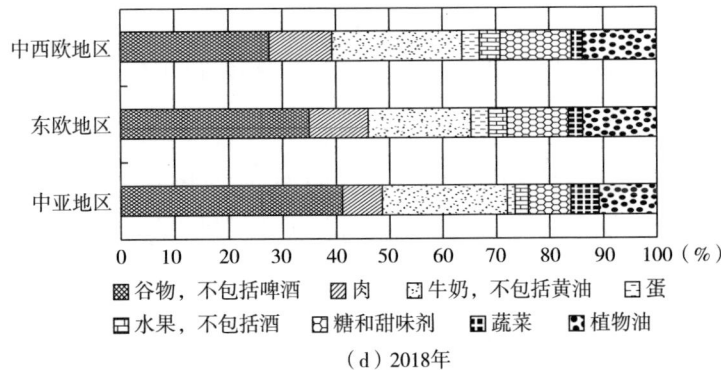

（d）2018年

图 2-7　欧洲和中亚地区人均食物供给占比（续）

图 2-8 为欧洲和中亚地区各种食物的脂肪供给（Fat Supply Quantity，单位：克/人/天）和蛋白质供给（Protein Supply Quantity，单位：克/人/天）分布情况。

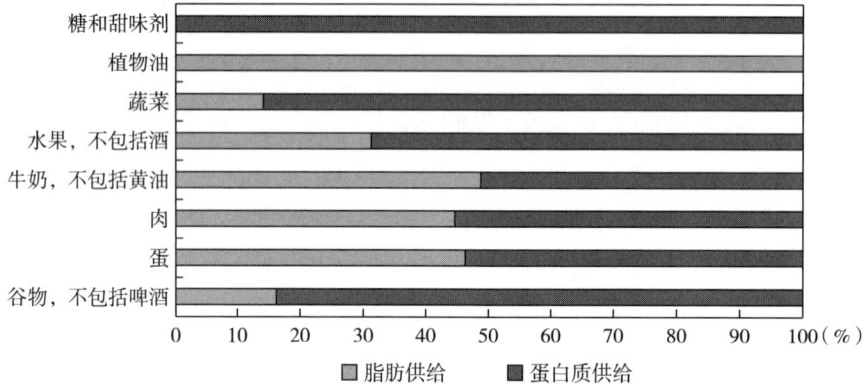

图 2-8　欧洲和中亚地区人均食物脂肪和蛋白质供给占比

（五）北美洲地区食物消费特点

北美洲地区（North America）的人口占全球人口的 5%（3.65 亿人），但其农业和渔业产量占全球的 10%。人均农业用地最多且人均农业和渔业产值最高。但是，随着时间的推移，北美在全球农业中的作用正在减弱，而其他地区的增长速度变快。北美地区的农业生产要素集中使用，尤其是固定资本，因此，该地区以作物产量、牲畜/肉类产量和牛奶产量衡量的部分要素生产率非常高。农业用地在过去 10 年中一直在减少，农作物的用地减少了 3.5%，但产量持续增加，农作物产量增加了近 14%。动物生产在该地区占其农业生产净值的 1/3 多。相比之下，全球牲畜的平均份额为 28%。然而，由于其生产率高，牲畜库存比例较低。与其他地区相比，该地区的鱼类产量相对较低。由于人均收入最高（6.1万美元）和城市化率最高（82%），该地区的人均食品消费量是所有地区中最高的，热量和蛋白质可得性已经达到人均3760千卡/天、人均113克/天，比全球平均水平分别高出30%和37%左右。动物性产品的食物摄入比例较高，其中，热量和蛋白质的比例分别为25%和63%，而全球平均水平为16%和37%。北美人消耗大量的植物油和甜味剂，其卡路里份额分别为19%和15%，而全球平均水平分别为10%和7%。北美的饮食已经导致越来越多的肥胖问题和糖尿病等与食物有关的非传染性疾病的发病率。然而，尽管总消费水平如此之高，但据估计该地区10%~12%的人口仍面临粮食安全问题。

图2-9为2014~2018年北美洲地区的人均食物供给卡路里（Food Supply，单位：千卡/人/天）占比情况。

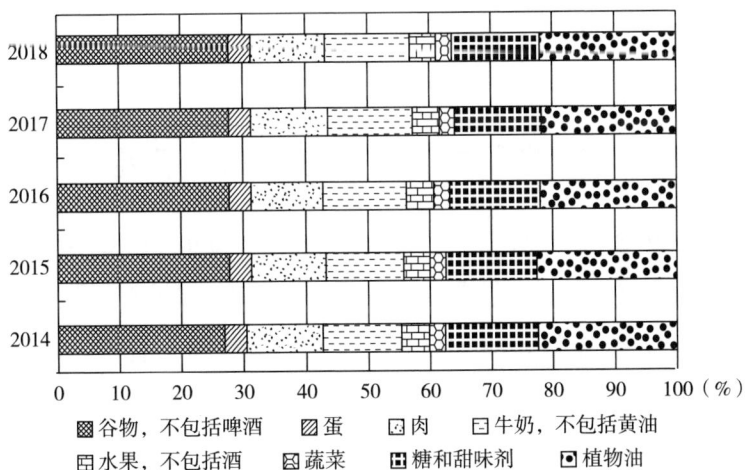

图2-9 北美洲地区人均食物供给占比

图 2-10 为北美洲地区人均食物的脂肪供给（Fat Supply Quantity，单位：克/人/天）和蛋白质供给（Protein Supply Quantity，单位：克/人/天）分布情况。

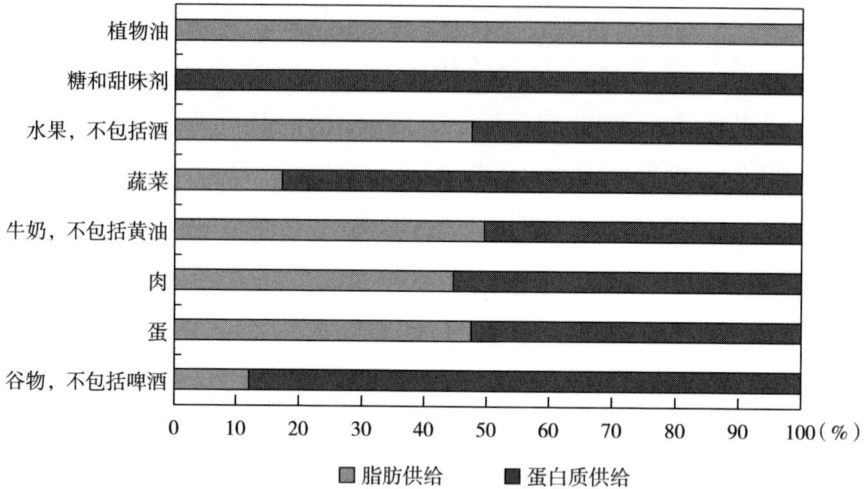

图 2-10 北美洲地区人均食物脂肪和蛋白质供给占比

（六）拉丁美洲和加勒比地区食物消费特点

拉丁美洲和加勒比地区（Latin America and the Caribbean）约占全球人口的 8.5%，其城市化比例在发展中地区名列前茅，大多数穷人都住在城市。该地区的农场结构高度多样化：农业以大型的、商业出口为导向的农场主导，尤其是在阿根廷和巴西，靠 1500 万户小农和一些家庭农场来负责该地区的大部分粮食生产。该地区的经济不确定性较大，人均收入随汇率波动，尤其是在阿根廷。该地区拥有丰富的土地资源和水资源，占全球农业和鱼类商品产量的 13%，占全球这类产品出口的 25%，突出表明在全球层面上贸易开放的重要性。拉丁美洲和加勒比地区是世界上最大的食糖消费国，每年人均食糖摄入量为 39 千克，远高于全球人均 24 千克的平均水平。整个区域都处于超重和肥胖的重灾区，人们在努力缓解这类健康问题。其人均卡路里摄取量为 3022 千卡/天，人均蛋白质摄入量为 2.8 克/天。就中等收入水平而言，该地区是肉类消费大户，每年消费近 60 千克肉，几乎是世界水平的 2 倍。该地区是全球玉米、大豆、牛肉、家禽和糖的重要出口国。

图 2-11 为 2015~2018 年拉丁美洲和加勒比地区中的墨西哥（Mexico）、巴西（Brazil）、阿根廷（Argentina）和整个区域的人均食物供给卡路里（Food Supply，单位：千卡/人/天）占比情况。

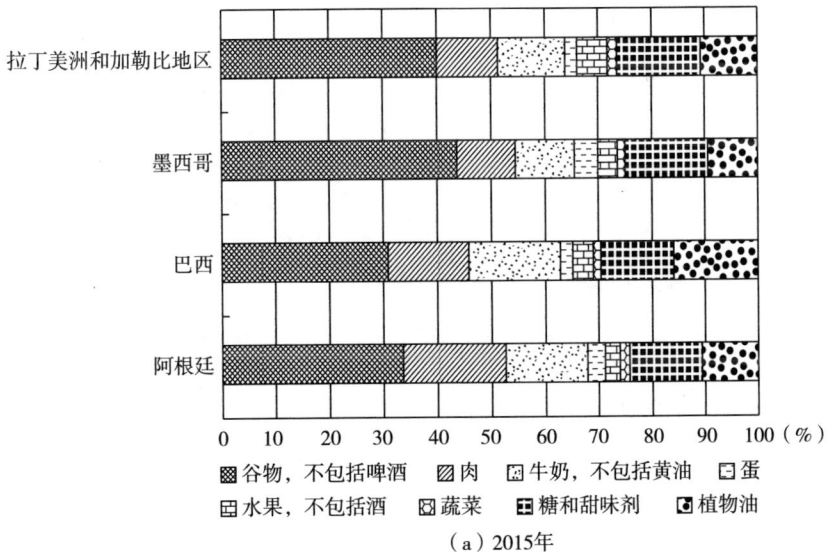

（a）2015年

图 2-11 拉丁美洲和加勒比地区人均食物供给占比

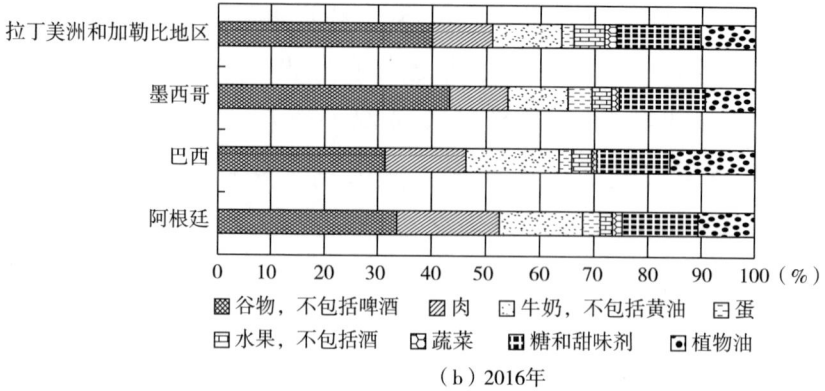

（b）2016年

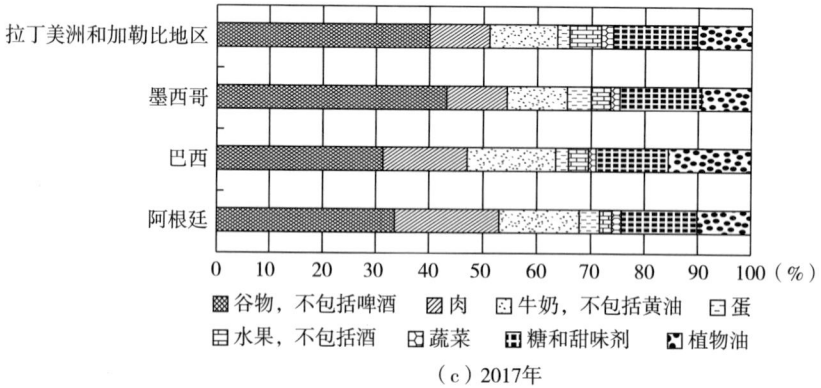

（c）2017年

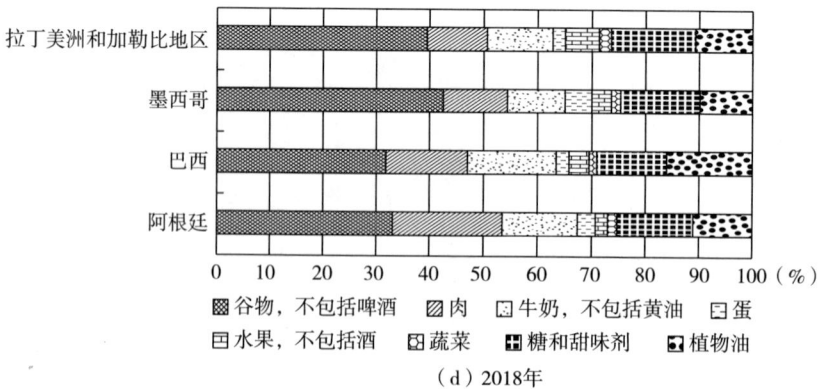

（d）2018年

图2-11 拉丁美洲和加勒比地区人均食物供给占比（续）

图 2-12 为拉丁美洲和加勒比地区各种食物的脂肪供给（Fat Supply Quantity，单位：克/人/天）和蛋白质供给（Protein Supply Quantity，单位：克/人/天）分布情况。

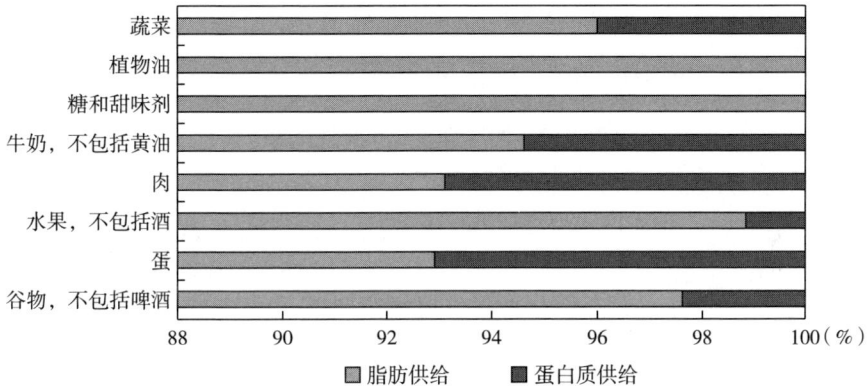

图 2-12　拉丁美洲和加勒比地区人均食物脂肪和蛋白质供给占比

四、全球热门食物消费模式

美国新闻和世界报道（U. S. News & World Report）网站公布了 2021 年最佳饮食排行榜单，该排名由来自饮食、营养、减肥、心理、糖尿病和心脏病方面的 24 人专业评审团打分得出。评审团拟定了 7 大标准为各项饮食模式打分，具体包括计划实施的可行性、短期减肥的潜力、长期减肥的潜力、营养的完整性、饮食的安全性、预防心脏病的潜力、预防和管理糖尿病的潜力。最终，从 40 种饮食模式中评选出 8 大类最佳饮食模式，分别是最佳减肥饮食、最佳快速减肥饮食、最佳商业饮食、最佳心脏饮食、最佳糖尿病饮食、最健康的饮食、最佳植物饮食和最易遵循的饮食（见表 2-1）。整体最佳饮食前三名为地中海饮食（Mediterranean Diet）、得舒饮食（DASH Diet）和弹性素食饮食（The Flexitarian Diet）。其中，地中海饮食（Mediterranean Diet）连续 4 年夺冠。

表 2-1 2021 年最佳饮食排行榜

模式	内容
最佳减肥饮食	弹性素食饮食（The Flexitarian Diet） 体重观察者饮食（WW Diet） 纯素饮食（Vegan Diet） 容积式饮食（Volumetrics Diet）
最佳快速减肥饮食	HMR 饮食（HMR Diet） 阿特金斯饮食（Atkins Diet） 体重观察者饮食（WW Diet）
最佳商业饮食	体重观察者饮食（WW Diet） 梅奥诊所饮食（Mayo Clinic Diet） 珍妮克雷格饮食（Jenny Craig Diet） Noom 饮食（Noom）
最佳心脏饮食	得舒饮食（DASH Diet） 地中海饮食（Mediterranean Diet） Ornish 饮食（Ornish Diet）
最佳糖尿病饮食	弹性素食饮食（The Flexitarian Diet） 地中海饮食（Mediterranean Diet） 得舒饮食（DASH Diet） 梅奥诊所饮食（Mayo Clinic Diet） 纯素饮食（Vegan Diet）
最健康的饮食	得舒饮食（DASH Diet） 地中海饮食（Mediterranean Diet） 弹性素食饮食（The Flexitarian Diet）
最佳植物饮食	地中海饮食（Mediterranean Diet） 弹性素食（The Flexitarian Diet） 北欧饮食（Nordic Diet） Ornish 饮食（Ornish Diet） 素食者饮食（Vegetarian Diet）

模式	内容
最易遵循的饮食	地中海饮食（Mediterranean Diet） 体重观察者饮食（WW Diet） 弹性素食饮食（The Flexitarian Diet）

（一）地中海饮食

地中海饮食（Mediterranean Diet）指地中海地区人们的食物消费，"地中海"不是具体的饮食模式，地中海沿岸的国家都有各自的饮食习惯，但大体上表现出一些共同点。研究发现地中海沿岸16个国家中的4个南欧国家（意大利、希腊、西班牙和法国）的饮食模式对人体健康具有良好的作用，生活在这些国家的人们很少患有糖尿病、心脏病等现代病，且平均寿命普遍偏高。早在1990年，世界卫生组织就提倡地中海式饮食；2010年11月联合国教科文组织将地中海饮食列入西班牙、希腊、意大利和摩洛哥联合拥有的非物质文化遗产。

地中海饮食强调以当地、应季新鲜蔬果为主要食材，并进行简单的加工。饮食结构中的动物性食物的摄入比例较低，从常量营养素来看，蛋白质来源主要是鸡肉、鱼虾（金枪鱼、鲱鱼、沙丁鱼、三文鱼、鳊鱼等，推荐每周食用2次）等白肉，以及鸡蛋（每周食用量不超过7个）、发酵奶制品（酸奶、奶酪等一些脱脂的奶制品）、豆制品等。同时摄入少量红肉，但最好是瘦肉，每个月食用量不超过450克，而且尽量不食用加工肉制品（如火腿、培根等腌制品）。脂肪的来源推荐以橄榄油为代表的含不饱和脂肪酸的植物油代替含饱和脂肪酸的动物油以及各种经过多重加工的人造油。主食多为五谷杂粮，包括小麦、大麦、燕麦、大米、稞麦、玉米等，为了防止大量维生素、矿物质、纤维被破坏，加工烹饪时尽量简化。用新鲜水果代替甜品、糕点等糖分高的精加工食物。除食物摄入的推荐外，地中海饮食强调健康生活理念，健康饮食、锻炼身体与乐观的生活态度相结合，不仅能够控制体重，而且有助于预防心血管疾病、糖尿病、老年痴呆症等现代疾病，更能延年益寿。地中海饮食对具体吃什么没有严格的规定，仅提供一种饮食思维。为了更好地推广地中海饮食，让更多人践行这种健康的饮食方式，Oldway（美国波士顿一个非营利食品智囊团）和哈佛大学公共卫生学院还设计出了地中海饮食金字塔。

（二）得舒饮食

得舒饮食（DASH Diet）源自 1997 年美国的高血压防治计划（Dietary Approaches to Stop Hypertension，DASH），该项计划发现，饮食中如果能摄食足够的蔬菜、水果、低脂（或脱脂）奶，以维持足够的钾、镁、钙等离子的摄取，并尽量减少饮食中油脂量（特别是富含饱和脂肪酸的动物性油脂），可以有效地降低血压。因此，常以得舒饮食来作为预防及控制高血压的饮食模式。得舒饮食是 2021 年最佳饮食排行榜中"最佳心脏饮食"和"最健康饮食"的第一名，是全球公认的健康饮食方式。

得舒饮食强调控制饮食结构中的饱和脂肪、糖和盐的摄入。践行这种饮食模式并不要求完全禁止任何一种食物，而是在原有饮食结构上作出一些小改变，如用杂粮饭、荞麦饭代替精米精面，用鱼、虾、鸡肉等白肉代替红肉等脂肪含量过高的肉类，用新鲜水果代替饮料、零食和甜品等零嘴，适量核桃等坚果代替油炸食品，用低脂牛奶代替全脂牛奶，等等。在家里做饭时，尽量控制油、盐的量，注意荤素搭配，尽量少摄入腌制食品和熏制食品，饭菜的量最好每一顿都能吃完，避免怕浪费而吃得过饱、吃隔夜菜或浪费的情况发生。在外用餐时也要注意少吃调料过多或口味过重的食物。得舒饮食虽然是高血压防治饮食，但并不会很难实施，合理的食物搭配照样可以吃得好、吃得饱、吃得健康。实践发现，通过遵循得舒饮食并结合运动，可以起到良好的瘦身效果，更重要的是能够预防高血压等疾病。当然，尽管这是公认的健康饮食模式，并不是所有人适合严格遵守，每个人还是应该根据自己的身体状况调整饮食结构，追求膳食均衡。

（三）弹性素食饮食

弹性素食饮食（The Flexitarian Diet）概念由美国注册营养师 Dawn Jackson Blatner 在 2009 年首次提出，Flexitarian 是一个合成词，由 Flexible（灵活的）和 Vegetarian（素食者）组成，专指弹性素食者。这一饮食模式与传统素食饮食不同，在食用素食的基础上，偶尔食用一些清淡的鱼类和肉类来补充蛋白质和蔬菜中缺乏的营养物质。弹性素食饮食最初受到热爱瑜伽的素食者的追捧，有助于瘦身、塑性。弹性素食饮食是 2021 年最佳饮食排行榜中"最佳减肥饮食"和"最佳糖尿病饮食"的第一名，可见其对于瘦身和血糖控制有重要的作用。

弹性素食饮食有三大特点：第一，在植物性饮食的基础上，根据个人需求摄入动物性食物，一周 1 次最佳，最多不能超过 3 次；第二，动物性食物的摄入最好以鱼类和虾类为主，减少肉类的摄入且坚决不吃加工肉制品（香肠、火腿、熏肉等），鱼虾蛋白质丰富（尤其是深海鱼类）；第三，烹饪方式越简单越好，避免重油重盐，注意食物搭配和种类多样化（最好每天吃的食物超过 12 种，每周超过 25 种）。该饮食模式不仅可以减肥，也能够在一定程度上预防心血管疾病甚至肿瘤（尤其是结肠癌）等。相对于传统素食，弹性素食饮食更容易实践，因为并不是完全戒掉荤腥，人们可以根据身体需要摄入动物性食品，只要注意摄入量的限制。专家表示，如果能做到科学合理的搭配，这种饮食模式不会造成营养不良的问题，必要时食用营养补剂也能够弥补部分营养元素缺失的问题。

第三章
可持续食物消费模式研究
现状及政策导向

　　食物是人们生活中最基本的物质需求，直接影响人们对营养的获取，是人们索取土地资源、水资源和温室气体排放的载体。食物消费水平的变化不仅是一个国家或地区社会、经济、人口发展变化的体现，同时也是一个国家或地区人们生活质量的重要体现。随着全球经济、人口以及家庭收入水平的不断增长，不仅增加了食物供给压力，还增加了人口生存对食物消费的需求，而日益增加的食物需求将是全球范围内资源环境变化的主要决定因素（FAO，2015；McGuire，2015；FAO 和 WFP，2015）。一方面，食物从农业生产、加工、存储和运输供应链到居民家庭终端消费的过程中，农业系统生产用地占全球陆地面积的 38%（Foley 等，2011），用水占全球用水量的 70%（Frenken，2011），排放的温室气体占全球的 19%~29%（Jeffrey 和 Cassman，2013），显然食物消费已成为气候变化、生物多样性损失、土地退化、淡水资源缺乏等环境资源问题的最主要驱动力；另一方面，居民食物消费模式的不合理性，食物营养如高糖、多盐、饱和脂肪酸等过量摄入问题普遍存在，使得营养不良与肥胖问题日益严重，不合理的膳食模式不仅使得肥胖患病率增高，而且通过温室气体排放间接加剧了全球气候变化问题（Foley 等，2011；Jeffrey 和 Cassman，2013；李明净，2016），并加重了单一食物的消费造成某一类土地资源的过度使用，加剧土地退化。为此，食物消费模式及其变化趋势对农业—食品—环境系统复杂联系的影响（Monfreda 等，2008；Siebert 和 Döll，2010），引起许多机构和学者的关注。联合国粮食及农业组织（FAO）在一份规划报告中指出（D'Annunzio 等，2015），由于人口和经济的不断增长，全球食物消费尤其是动物性食品的消费将呈持续上升的趋势，农业部门给环境资源造成的压力日益加剧。联合国环境规划署（UNEP，2012）认为，只有转变全球范围内的食物消费模式，才能显著降低农业生产所导致的环境资源压力。

改革开放以来，随着中国社会经济的持续快速发展、居民生活的日益富裕以及城市化的快速推进，中国居民食物消费结构不断变化。改革开放至 20 世纪末，食物种类多样化，营养不良状况明显改善，21 世纪以来，中国居民食物结构不断调整（马云倩等，2016），粮食的直接消费量比重不断下降，而水果、蔬菜、肉、蛋和水产品等的比重有显著的增长（封志明和史登峰，2006）。同时，食物消费结构变化对农业产出提出了新的要求。尤其是面对中国人均耕地面积不到全球平均水平的 40%，人均水资源量不到全球平均水平的 28% 的发展瓶颈，农业用地与其他土地利用方式的矛盾，农业用水与其他生活及其部门用水的冲突都呈现出日益紧张的局面。党的十八大、党的十九大提出形成节约资源和保护环境的空间格局、产业结构、生产方式、生活方式，从源头上扭转生态环境恶化趋势，形成合理消费的社会风尚，营造爱护生态环境的良好风气。Foley 等（2011）在 *Nature* 上发文指出，满足不断增长的食物需要的同时降低农业对生态环境的压力，是21世纪面临的最大挑战之一，而改变食物消费模式则是解决这一矛盾问题的最有效途径。因此，在中国经济发展进入新常态的背景下，食物消费在整个消费体系中对所处的位置与作用将发生变化，而食物消费结构的变化必然对农业产业结构调整和农业整体的发展产生重要影响（刘红利，2016）。这要求在促进农业可持续发展的同时，应重视食物消费需求对农业供给侧结构性改革的引领作用，提高食物消费的可持续性。

显然，随着中国居民农产品生产技术的提高、城市化进程的不断加速和居民收入水平的提高，食物消费的重要性越来越大，使得食物消费模式的环境效应越来越大。尤其是在经济新常态下，食物消费模式的变化与农业供给侧结构性改革息息相关，中国粮食安全在面临供需不平衡压力的同时还面临着粮食生产所需的自然资源与环境条件不佳、新能源发展等严峻形势的挑战。如何在资源约束加剧、生态环境问题恶化日益加重的现实条件下，找到符合中国居民消费习惯，保证营养需求，对资源环境效应小，能够促进农业可持续发展、确保粮食安全的可持续消费模式，是目前需要解决的关键问题。因此，研究和评价居民食物消费模式的环境资源压力，对促进中国农业结构调整提供依据，同时为政府有针对性地引导、构建符合居民消费习惯具备可行性的合理消费方式提供参考，对粮食安全的保障具有重要的现实意义。在城市化不断加速与食物消费结构不断变化的背景下，将食物消费营养供给与资源环境效应结合，通过量化手段研究最优的食物结构对生态健康与人体健康以及中国粮食安全的实现具有指导意义和应用前景。

国内外关于可持续食物消费模式的研究已取得了一些丰富的

成果，尤其在调整食物结构以促进生态环境的改善上形成了较为成熟的理论与方法。国内外可持续食物消费模式的研究呈现出以下特点：

（1）在食物消费模式特征及演变趋势上，国外研究更多的是关注食物消费模式的区域差异，以及收入对食物消费模式的影响，同时关注食物选择动机和教育等社会因素的影响作用。国内研究大多将城乡分割开来研究食物消费模式的演变趋势，在食物消费模式的影响因素上，主要从食物消费支出和收入着手，很少涉及传统习惯、文化、教育等因素。此外，国内外学者对食物消费关注更多的是食物消费年际变化趋势和食物内部结构变化趋势，很少涉及对食物消费模式内涵的界定。

（2）在食物消费模式的环境效应研究上，国外主要集中情景模拟食物消费模式下对环境效应影响大小的比较，而国内的研究主要集中在习惯模式、地区和城乡的趋势分析。国内外的研究还未形成较为统一的研究框架，大多数研究是以某一资源要素作为环境压力的表征指标，较少考虑食物消费模式对环境资源压力程度的多方面影响及其权衡问题。

（3）在食物消费的综合足迹研究上，国内外对食物消费的综合足迹研究基本从单一的表征指标研究，很少涉及碳足迹、生态足迹和水足迹相结合的研究。

（4）在可持续食物消费模式研究上，国外相关研究主要集中在单一环境指标下可持续消费模式情景设计和食物消费结构内部调整对环境的影响，很少涉及环境与营养相结合的研究。国内对可持续食物消费结构调整更多关注与碳排放的关系，很少涉及土地占用和水资源利用等方面。

一、国外可持续食物消费模式的研究现状

（一）食物消费模式研究现状

随着人们对粮食需求的显著上升，粮食安全问题已经成为全球共识，联合国粮农组织的数据显示，近 50 年来，全球食物消费的需求和结构正在发生重大变化。国外学者多从全球和地区视角对食物消费模式的演变趋势及影响因素进行研究。

Gerbens-Leenes 等（2010）在对 57 个国家的食物消费模式的研究中发现，食物消费与人均收入的关系在时间序列和横截面上具有相似性，认为全球食物消费正处于转型期。D'Annunzio 等（2015）详细地分析了全球主要地区食物消费的变化特征，指出食物摄入量与人均收入存在较强的正相关关系，而新兴经济体则是食物消费增长和结构变化的主要驱动力。Stancu（2015）等从人口数量、国内粮食消费与人口大国食品消费支出的关系角度对食物消费进行研究，并指出由于马斯洛的等级制度涵盖了生理需求需要，未来国内食物消费量的上升趋势将由人口最多的国家决定；同时，如果 2011 年中国、欧盟 27 国和美国猪肉消费量增长 50%，世界猪肉产量将增长 16.76%，世界粮食危机将会出现。Abbar 等（2015）对美国 50 个州的研究表明，人们对食物的选择受教育和收入等社会和经济因素的影响。Imamura 等（2015）将全球 187 个国家分为三大类，探

讨 1990~2010 年食物消费的变化规律，指出食物消费及其趋势在世界各地具有显著的差异性，并根据年龄、性别、国民收入和膳食模式类型评估异质性。Barton 等（2015）使用英国采购数据估算家庭食物消费量，探讨 2001~2009 年家庭食物消费变化趋势及饮食和社会经济地位之间的关系。Jones 和 Sheats（2016）分析全球谷物产品消费趋势，得出全球粮食消费量正在增加，但随着财富的增加和动物性产品的选择，直接消费量是下降的；此外，影响谷物类食物消费趋势与家庭收入水平、多样化的生活方式和消费者态度等多种因素有关。Menendez-Baceta 等（2017）对野生食用植物的趋势在戈尔贝伊拉德中食用（巴斯克地区）的研究发现，传统农村生活方式始终驱动当地对野生植物的食用，工业化和生活方式的变化是解释当前野生食物消费趋势的主要推动力。Ahmad 等（2017）通过研究印度尼西亚山区居民食物消费和生产模式，山区粮食根据湿地和旱地的用地情况进行生产，食物消费模式与食物数量、种类和消费频率相关，以米饭为主，山区居民以 2~3 次的频率吃蔬菜和鱼。Waid 等（2018）把食物分成 12 类，利用孟加拉国近 20 年来的支出调查数据研究家庭食物消费模式的演变趋势。Damari 和 Kissinger（2018）依据以色列家庭食品采购数量，将消费食品进行细分，量化以色列家庭部门的食物消费量，并从收入、家庭规模、年龄等影响因素分析指出不同生活方式的消费情况，发现夫妻二人的生活方式往往会消耗更多的人均消费，而且家庭收入在确定购买数量和种类的消费率方面起着至关重要的作用。Cockx 等（2018）侧重分析城市化对食物消费结构转变的影响，得出城市化与居民饮食转变之间并无直接的影响关系，可能与城乡间的社会经济差异有关。Law（2019）

详细分析了印度居民食物消费模式的演变趋势，并重点研究印度居民的谷物和动物性产品消费量在印度开放自由化贸易前后的消费差异，指出印度居民将从受传统主食饮食影响的消费模式向发展中国家动物产品消费量增加的饮食消费模式转变。

（二） 可持续食物消费模式研究现状

生产和消费的可持续性是国家经济发展可持续的主要驱动力，可持续性发展体现在生产生活的各个方面。食物的可持续性发展作为最基本的领域，不仅与居民营养健康状况有关，还与社会经济与资源环境有着莫大的联系。目前，可持续食物消费模式已成为学术界研究的热点。从国外研究成果看，对可持续食物消费模式的研究主要集中在可持续食物消费影响因素、可持续食物消费模式对环境的影响、食物消费结构优化三个方面。

1. 可持续食物消费影响因素

Marques 等（2016）评估了食品消费，经济增长和可持续发展之间的相互作用，并利用 77 个国家的自回归分布式滞后模型进一步区分了不同收入组，得出不同的收入群体，发现肉类消费对经济增长和可持续发展有不同的影响。Morone 等（2019）通过三步法进行模糊推理模拟，识别可能阻止当前不可持续的消费者行为的驱动因素，结果表明公共食物垃圾规则、投资和基础设施及小规模农业在支持可持续食品消费模式方面特别有效。

2. 可持续食物消费模式对环境的影响

Heller 和 Keoleian（2003）采用生命周期评价方法评估美国食物消费系统供给的可持续性，研究结果指出通过生命周期供给链将消费行为与生产实践相结合的重要性，强调食品过度消费和浪费对资源环境产生潜在影响。Garnett（2013）确定三个关于可持续食物消费的因素和主要观点，并将它们定义为效率导向、需求约束和粮食系统转换，指出解决日益严峻的环境挑战和人体健康挑战实现可持续食物消费需要将三个方面综合考虑。Mózner（2014）通过聚类分析把匈牙利的食物消费模式分成六类，并以生态足迹为指标对各模式的可持续性进行了比较。Verain 等（2015）认为，食物选择动机、个人和社会规范、食物参与、可持续食物的主观认知等影响了可持续食物消费的行为，进而也影响了食物供给的可持续性。Aleksandrowicz 等（2016）研究发现，14 种可持续饮食模式，可以使温室气体排放量和土地利用率分别降低 70%~80%，水分利用率降低 50%，环境足迹的减少与动物性食物限制量成正比。

学者探讨调整食物内部消费结构使得食物消费更具有可持续性。例如，Gephart 等（2016）测算食物消费的碳足迹、水足迹、氮足迹、生态足迹，并通过计算每个足迹的最小饮食的组成以此确定可持续食物消费模式，结果表明植物性食品和海鲜（鱼类和其他水产食品）通常以最小化的日量出现，并且最有效地供应常量营养素和微量营养素。Galli 等（2017）通过地中海地区食物消费生态压力分析，指出通过改变饮食模式，可以使生态赤字减少 8%~10%。Vanham 等（2016）评估北欧 6 个大型城市的三种健康饮食方案，指出通过推荐的能量和蛋白质摄入量转变为健康的饮食，会大大减少与食物消耗相关的城市水足迹，换句话说，北欧城市居民可以通过转向健康饮食来节省大量的水。

此外，Nuss（2012）指出，环境科学与产品消费领域融合而产生的环境影响评价亦向更全面、更综合和更规范的方向发展，具体包括拓展的环境投入—产出模型、历史和情景分析、混合 LCA-IO 模型、线性和非线性优化方法等。

3. 食物消费结构优化

近年来，食物消费的碳足迹、水足迹、生态足迹等单一表征环境压力程度的指标不断发展，以生命周期评价技术为支撑的国际食物消费的环境影响核算已日趋成熟，基于足迹表征环境压力的食物消费结构调整的研究也广泛开展。国内外食物消费结构优化研究主要集中在膳食结构优化研究上，开展以营养健康需求约束条件下的营养学与环境科学交叉研究，并取得许多研究成果。通过膳食结构优化和食品消费结构调整来减少潜在的环境影响已得到西方学者的广泛认同。例如，Macdiarmid 等（2012）和 Green 等（2015）研究发现，最佳的膳食结构应是减少肉类食物的消费，一般而言，应在原有的肉类食物消费中减少 12%~60%，如英国减少 59%~60% 的肉类摄入量可以减少 36%~40% 的碳足迹；而大多数国家的食物消费模式趋于减少乳制品的摄入量，如西班牙和瑞典分别减少 33% 和 18%，而英国减少 36%~66%。David 和 Michael（2014）在 *Nature* 上第一次揭示了通过调整饮食结构可潜在减少全球农业 30%~60% 的温室气体排放量。

此外，Auestad 和 Fulgoni（2015）指出，当前文献告诉我们"可持续膳食"是将膳食结构、环境可持续性和经济学联系起来的新型研究。Hallström 等（2015）在饮食变化的环境影响系统评价中也指出"可持续膳食"是人类健康与地球健康的体现。

二、国内可持续食物消费模式的研究现状

（一）食物消费模式研究现状

由于中国存在典型的城乡二元经济结构，学者主要从城乡差异比较、城镇居民消费、农村居民消费、城市化等角度研究食物消费模式的演变及影响因素。

封志明和史登峰（2006）通过分析 1978～2001 年中国城乡居民食物消费及结构的演变，发现城乡之间在消费结构与营养素摄取水平上都存在显著的差异。孟繁盈等（2010）从地域差异分析中国各省份食物消费量、消费结构和消费水平的城乡居民食物消费演变特征，并构建居民人均食物消费量与收入的 ELES 模型，对各省份城乡居民食物消费演变趋势特征进行预测。辛良杰等（2015）指出，城乡居民食物消费结构具有明显的差异，食物消费的总体趋势是粮食的直接消费量下降，而动物性产品消费逐年增加。周琳等（2016）指出，中国食物消费模式以植物性食物消费为主体，城市居民消费量明显高于农村居民。赵丽云等（2016）用时间系列法分析 1992～2012 年中国城乡居民食物消费演变趋势，指出城乡居民食物消费具有相同的演变趋势，谷物类和薯类食物消费量呈下降趋势，豆类、奶类和鱼虾类食物消费量基本保持稳定，2002 年后食物消费结构逐渐稳定。马云倩等（2016）通过梳理 1949 年以来的居民食物消费动态变化趋势，发

现改革开放到 20 世纪末，中国居民食物消费模式由结构单一营养不良的现状向消费种类日渐丰富、营养不良明显改善转变；21 世纪以来，居民食物消费模式不断优化，但仍然存在营养失衡与改善并存现象。田甜等（2017）指出，1980～2010 年中国居民食物消费结构演变具有植物性食物，尤其是食物谷物类的消费量逐年下降，而动物性食物肉禽类、蛋奶类和水产品的消费都呈逐年上升趋势。熊靓和王东阳（2017）基于全国 20 个省份的居民食物消费调研数据对居民食物消费特征及影响因素进行研究，指出食物消费量受产出地、区域差异、饮食结构和消费者偏好等因素的影响较为明显。张亚鑫（2017）通过对 1978～2014 年中国城乡居民食物消费的时间序列数据的分析发现，中国城乡居民食物消费具有恩格尔系数水平逐渐趋同，城乡居民的食物消费量的差距全面收窄，城乡居民的食物消费量结构和食物支出结构均存在极大相似性的特点和规律。吕晓等（2017）指出，城镇居民食物消费在肉类、奶类、蛋类的消费量逐年上升，而农村则呈现动物性、植物性消费平稳均衡但植物性食物中尤其是粮食消费稳居主导地位的态势。李云云等（2018）通过跟踪调查获取山东省农村居民的食物消费数据，定量分析中国农村地区家庭食物消费结构与特征，并从区域、家庭收入水平、家庭规模三个方面探讨家庭食物消费结构的差异。高晶和唐增（2018）以能量和蛋白质衡量食物消费量侧重分析了改革开放以来中国居民食物消费量和食物消费结构的演变趋势，研究得出中国居民食物消费质量不断提高，食物消费趋向多元化，而直接粮食消费量呈下降趋势，动物性产品食用量增加。辛良杰和李鹏辉（2018）基于 CHNS 调查数据，利用食物成分表估算我国城乡居民食物消费结构，指出我国城镇居民粮食消费明显低于农村居民，而肉蛋奶类消费量却高于农村居民。

（二） 可持续食物消费模式研究现状

国内相关研究主要集中在食物消费改变对环境压力影响以及饮食情景设计上，但是将食物消费、生态环境与营养健康相结合对食物消费模式进行可持续性评价方面较少涉及。王晓和齐晔（2013）基于4种情景分析中国饮食结构变化对农业温室气体排放的影响，指出中国食物消费呈现出动物性食物替代粮食消费的趋势，动物性食物的温室气体排放系数是植物性食物的7倍以上，适当减少肉类消费有利于碳减排。Lu 等（2015）通过情景分析法得出改变饮食模式可以减缓中国食品供应链上的温室气体排放。在求解膳食结构的研究中，李明净（2016）基于碳足迹不确定条件下以膳食营养素需求为约束条件对中国18～50岁居民不同情景膳食进行优化。徐文川（2018）采用情景分析不同饮食消费结构对碳排放的差异影响，当饮食结构转向东亚膳食模式中的日本和中国台湾地区膳食情景时，我国居民饮食消费的人均碳足迹有所降低，同时人均食物消费的热量和蛋白质供应量也有所降低。此外，王灵恩等（2018）探讨了食物可持续消费的定义、原则、特征及其相关概念的辨析，进一步提出了现阶段中国食物可持续消费的实现路径。

就可持续食物消费模式评价方面，国内尚没有这方面的研究，而国外对可持续性食物消费的评价指标并不统一。例如，Azzurra 等（2019）从有机消费强度、食品可持续性问题和消费者生活方式可持续性变量构建衡量可持续性食物消费的评价指标。Esteve-Llorens 等（2019）从碳足迹、营养充足两方面评估大西洋饮食是否较贴近可持续食物消费模式。Wilson 等（2013）、Seconda 等（2018）从单一环境指标、营养充足、可支付得起三个维度评价食物消费模式，Perignon 等（2016）在此基础上加入了消费习惯指标。此外，为了方便居民合理膳食计划，中国营养学会出版了《中国居民膳食指南》一书，并随中国居民生活水平不断提高而修订。在国家政策层面，为了提高居民营养水平，保障食物有效供给平衡，国务院办公厅发布了《中国食物与营养发展纲要（2014—2020 年）》，但指南与纲要并没有关注食物消费对资源环境的影响。

三、国内外可持续食物消费的政策导向

（一）国内可持续食物消费的政策

国内食物消费的可持续性主要受到绿色食品政策、农业政策和健康中国政策等的影响。

1. 绿色食品政策

可持续食物消费依靠可持续消费政策的监督与指引，我国绿色消费的概念与可持续消费的概念相似，即按照可持续发展的要求，在环境、资源和消费者利益的前提下，低耗高效地进行消费行为。绿色消费政策是指以实现可持续发展为目标，政府为促进本国或本地区建立和维持可持续的消费结构、模式和行为制定的行政、经济、信息等行动的总称。因此，绿色消费政策在一定程度上同样能够代表可持续消费政策。

1990 年，中国绿色食品发展中心首次提出了绿色食品的概念：无污染的安全、优质、营养类食品。绿色食品的概念与可持续食物的概念不谋而合，绿色食品政策的发展遵循着可持续发展原则，即按照特定生产方式生产，经专门机构认定，许可使用绿色食品标志商标的无污染的安全、优质、营养类食品。绿色食品政策是通过建立一套完整的产地环境、生产技术、产品质量等标准，以保证绿色食品的"无污染、安全、优质、营养"的特性。绿色食品有助于可持续食物消费的推广，因此，绿色食品政策是可持续食物消费政策中的一部分。我国绿色食品政策的发展可以分为三个阶段：

第一阶段（1990~2000年）是政策的起步阶段，也是"绿色食品"的定义阶段。这一阶段的代表性政策有：《国家工商行政管理局、农业部关于依法使用、保护"绿色食品"商标标志的通知》（1992年）、《绿色食品标志管理办法》（1993年由农业部发布）等。这些政策的发布主要是为了确定"绿色食品"的定义、标志和规范，为下一阶段对绿色食品的管理打下基础。

第二阶段（2001~2011年）是政策的发展阶段，也是"绿色食品"的发展阶段。这一阶段的代表性政策有：《农业部关于加快绿色食品发展的意见》（2002年）、《农业部关于创建全国绿色食品标准化生产基地的意见》（2005年）、《关于发展无公害农产品绿色食品有机农产品的意见》（2005年）等。这些政策的发布主要是为了加快"绿色食品"的发展，健全其标准规范的建立。

第三阶段（2012~2021年）是政策的快速发展阶段，也是"绿色食品"进一步发展阶段。这一阶段的代表性政策有：《国务院办公厅关于加强农产品质量安全监管工作的通知》（2013年）、《绿色食品标志市场监察实施办法》（2014年）和《农业部关于推进"三品一标"持续健康发展的意见》（2016 年）、《中共中央 国务院关于全面推进乡村振兴加快农业农村现代化的意见》（2021 年）、"十四五"规划等。推进"三品一标"食品的消费是该阶段的主要任务，"三品一标"是指无公害农产品、绿色食品、有机农产品和农产品地理标志。这一阶段的政策不仅提出要加强食品质量和安全的监管、推进"三品一标"农产品，而且要试行食用农产品达标合格证制度，并健全追溯体系。

2. 农业政策

农业的发展直接影响食物的生产与供应，梳理农业政策的演变，能够在一定程度上揭示我国食物消费的特点。我国农业政策的演变过程是我国"三农"理论不断发展和创新的过程，农业政策引领着我国的农业农村和经济社会发展。党的十一届三中全会以来，我国农业政策的演变过程大致可以分为以下三个阶段（见图 3-1）：

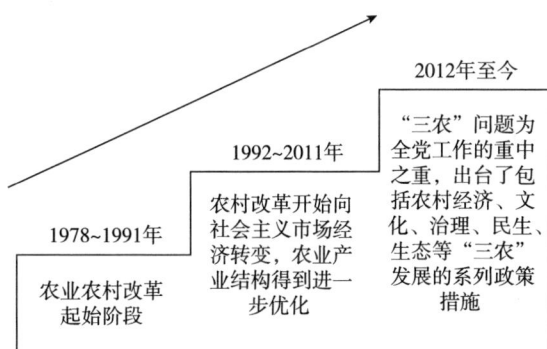

图 3-1 我国农业政策演变阶段

第一阶段（1978~1991 年）：中国农村改革始于 1978 年安徽省凤阳县小岗村实行的"分田到户，自负盈亏"的家庭联产承包责任制，1979 年 7 月，中央正式批准广东省和福建省在对外经济活动中实行特殊政策，迈出了改革开放的历史性脚步，从此，对外开放成为中国的一项基本国策。1982~1986 年，中央连续发布了 5 个中央一号文件，为农村顺利改革奠定了政策基础。

第二阶段（1992~2011 年）：1992 年邓小平南方谈话后，中国改革进入了新阶段，农村改革向社会主义市场经济转变。尽管1997~1998 年受到东南亚金融危机的影响，但我国农业综合生产能力还是得到了全面提高，农产品供给实现了由短缺向"供求基本平衡、丰年有余"的历史性转变。随着改革的深化，为了应对农业和农村发展的深层次矛盾，中央发布了以保护农业生产、支持农民减负增收、促进农业发展的一系列政策。农业产业结构得到进一步优化，为全面建成小康社会奠定了基础。

第三阶段（2012 年至今）：党的十八大以来，解决"三农"问题是全党工作的重中之重，我国出台了包括经济、文化、生态等"三农"发展的系列措施。2016 年印发《财政部 农业部关于全面推开农业"三项补贴"改革工作的通知》，加强耕地保护和粮食适度规模经营；2017 年发布《中共中央 国务院关于深入推进农业供给侧结构性改革 加快培育农业农村发展新动能的若干意见》，提出推行绿色生产方式，增强农业可持续发展能力；2018 年发布《中共中央 国务院关于实施乡村振兴的战略意见》，提出必须坚持质量兴农、绿色兴农、加快构建现代农业产业体系；2020 年发布《中共中央 国务院关于抓好"三农"领域重点工作确保如期实现全面小康的意见》，提出继续调整优化农业结构，加强绿色食品、有机农产品、地理标志农产品认证和管理，打造地方知名农产品品牌，增加优质绿色农产品供给。

3. 健康中国政策

健康既是公民的基本权利，也是国家繁荣富强的重要标志（刘卓，2018）。习近平总书记指出，没有全民健康，就没有全面小康。根据党的十八届五中全会对健康中国建设的战略部署，中共中央政治局在2016年8月召开会议，审议通过《"健康中国2030"规划纲要》。纲要是推进健康中国建设的行动纲领，提出要坚持以人民为中心的发展思想，坚持正确的卫生和健康工作方针，以提高人民健康水平为核心，从广泛的影响因素入手，把健康融入所有政策，进而从多角度、全周期改善国民健康水平。《"健康中国2030"规划纲要》从"总体战略"、"普及健康生活"、"优化健康服务"、"完善健康保障"、"建设健康环境"、"发展健康产业"、"健全支撑与保障"和"强化组织实施"8个方面系统地提出"健康中国"的实现路径。党的十九大报告指出，中国的"社会主要矛盾已经转化为人民日益增长的美好生活需要和不平衡不充分的发展之间的矛盾"。在全面建成社会主义现代化强国的新时代，健康问题不再是家庭和个人的私事，而是关系中华民族伟大复兴的中国梦的国家大事，需要全民的努力和配合。2019年，国家层面成立健康中国行动推进委员会，国务院发布《健康中国行动（2019—2030年）》；国务院办公厅印发的《健康中国行动组织实施和考核方案》中提出，建立健全组织架构，成立健康中国行动推进委员会。2021年7月，清华大学健康中国研究院成立。

国民健康需要科学合理的营养来保障，国民营养是促进全面健康的决定因素，也是助力全面小康的重要因素（卢江，2020）。改革开放以来，随着我国经济水平和人民生活质量的不断提高，国民营养状况得到了很大的改善，但是仍存在部分地区、部分人群营养不足和营养过剩双重挑战。总体来说，我国综合国民营养健康水平仍较低。为贯彻落实《"健康中国2030"规划纲要》，提高国民营养健康水平，2017年国务院办公厅发布《国民营养计划（2017—2030年）》。该计划从我国国情出发，立足于我国国民营养健康现状和改善需求，为2017～2030年中国的国民营养工作提供指导思想、基本原则、实施策略和具体的行动指南。国民营养计划事关国民素质提高和经济社会发展，主要的重点在于：普及营养健康知识、优化营养健康服务、完善营养健康制度、建设营养健康环境和发展营养健康产业。从居民个人角度来看，该计划囊括了不同角度、不同群体的营养行动，旨在将提高国民综合素质与预防身体疾病相结合，主要行动包括：①以母婴为主体的孕期营养补充和婴幼儿营养提升行动；②指导学生群体正确就餐、防止肥胖的营养改善行动；③预防老年身体疾病的营养平衡行动；④增强病患抵抗力和恢复力的临床营养行动；⑤对落后地区进行科学指导的营养干预行动；⑥提倡大众营养吸收与运动健康平衡的吃动平衡行动。习近平总书记对于全民健康、全面小康和健康中国建设作出过一系列重要指示："人民身体健康是全面建成小康社会的重要内涵，是每一个人成长和实现幸福生活的重要基础"；"把人民健康放在优先发展战略地位，努力全方位全周期保障人民健康"及"没有全民健康，就没有全面小康"等。

总体来说，改善国民营养健康，是全面贯彻落实习近平总书记指示精神的重要行动，是落实我国以人为本执政理念的具体体现，是提升国民综合素质、促进经济发展的重要手段。

（二）国外可持续食物消费的政策

国外可持续消费的政策可以概括为行政文书、市场工具和信息工具三个主要方面。

1. 行政文书

行政文书主要是通过立法强制性地改善食物消费状况。2003年，丹麦立法规定了工业生产食品（包括炸薯条等微波焙烤制品）的反式脂肪酸的最高含量，以降低反式脂肪酸有关的健康风险。欧盟委员会也通过了类似的法规：对工业生产食品中的反式脂肪酸含量进行限制，每100克脂肪中含有的反式脂肪酸不得超过2克。其他食物成分也有类似的规定，强制性规定是一种直接有效的改善方式。食品营销法规也有利于消费者的健康选择。国外许多政府实施了广告禁令，以减少酒精饮料、饱和脂肪、游离糖含量高等不健康食品的推广。相比食品行业的自我限制，政府进行科学化监管更有效，事实证明营销限制的实施减少了消费者不健康食品的购买次数。此外，为公共场所制定食品采购标准也有利于食物消费者的健康选择。英国和挪威进行了学校食品计划的研究。英国在2006~2008年开展了一项健康午餐计划，该计划的实施使得饱和脂肪、糖、盐的摄入量减少，健康食物的摄入量增加，改善了学生的饮食行为。有学者评估了校园膳食与温室气体之间的关系，研究表明低盐、低糖、低饱和脂肪的健康饮食有助于降低温室气体的排放量。

2. 市场工具

市场工具主要包括税收、补贴等经济激励手段。价格是购买行为的重要因素，在欧洲，能量高、营养低的食物通常比营养丰富的食物便宜，促销活动往往发生在不健康食物上。为了改善公民健康状况，一些国家对含酒精饮料和含糖饮料征收食品税。定价政策是极具成本效益的干预方法，对酒精饮料征税可以显著降低消费，并有益于人体健康，对含糖饮料征税几乎可以降低与税率相同的百分比的消费量。2013 年，法国开始对酒精饮料征收 5% 的食品税，4 个月后，超市酒精饮料的销售额下降了 3.3%。2014 年，墨西哥对含糖饮料征收 10% 的食品税，之后短短一年的销售额下降了 12%，同时非征税饮料销售额上升了 4%。因此，税收政策对于食物消费有显著的影响，其中社会经济地位低的人受影响最大。可见为了改善膳食模式，使食物消费朝可持续的方向前进，对动物性食品征税可能是减少环境影响的一种重要手段。瑞典的一项建模研究发现，对 7 种肉类和乳制品征收 8.9%~33.3% 的税，可以将与食用这些动物性食品相关的温室气体和氮排放量减少多达 12%。同时，为了增加水果和蔬菜的消费，许多政府对其进行补贴政策，研究发现，水果蔬菜的消费量大概能增加到补贴规模的一半。当然，食品税还是颇受争议的，因为它会不同程度地影响低收入家庭。而税收和补贴的组合可以使消费者在改善至更健康的膳食模式的同时尽量少付出额外成本，低收入家庭也能因此减少医疗费用支出。

3. 信息工具

信息工具就是借助信息披露与传播以引导、改善食物消费行为。英国连锁超市 Tesco 曾在其自有品牌的产品上标注碳足迹以告知消费者该产品的环境影响，但因消费者难以理解这些信息而告终。发达国家的多项调查表明，食物的环境影响信息对消费者食物选择的影响甚小，价格和口味仍是食物选择的主导因素，但信息干预可以在一定程度上提高消费者的认识。膳食指南从健康角度为居民的日常食物消费提供指导建议。巴西和瑞典等国家已将膳食指南纳入可持续发展目标。巴西膳食指南强调天然或轻加工食物的健康性和可持续性，荷兰等国家确定了不同种类食物的推荐摄入量。环境可持续性纳入膳食指南对消费者行为的影响有限，但对食品行业来说是重要的指导标准，能对食品系统产生重大影响。此外，许多国家推出了一些具有针对性的运动来促进群众的健康饮食。2003 年，Meatless Monday 组织推出"无肉星期一"运动，号召民众在周一食素以保护环境，该活动现已成为全球性运动。2012 年，美国的一项调查显示，43%的受访者了解"无肉星期一"运动，其中36%的受访者愿意少吃肉。挪威的一项研究发现"无肉星期一"运动增加了士兵对素食的兴趣。部分学校推出了食物消费教育计划，结果表明该教育计划有助于食物消费的小幅下降，但长期效果还有待研究。

第四章
综合足迹理论

一、生命周期理论

生命周期评价（Life Cycle Assessment，LCA）起源于 1969 年可口可乐公司对饮料瓶进行从原材料挖掘到废弃物处理的全过程跟踪分析。1990 年，国际环境毒理学与环境化学学会（SETAC）提出 LCA 是一种系统和定量地评价产品、生产工艺或活动造成潜在环境影响的客观方法。该方法通过界定并量化能量、资源利用及由此带来的环境废物排放，评估能量、资源利用等对生态环境造成的影响，据此找到改善环境效应的机会（王长波等，2015）。国际标准化组织在 1993 年将 LCA 归入到 ISO14040 环境管理系列标准中，并定义为：对一个产品系统的整个生命周期中资源和能量的输入输出及其潜在的环境影响的汇总评价。目前，生命周期评价方法发展趋势迅猛，在欧洲和发达国家得到了广泛的应用。

而在食物消费对环境产生影响的研究中，LCA 方法已得到大量采用，主要用于量化食物消费产生的生态足迹、碳足迹、水足迹等环境效应。

1997 年，ISO 颁布了第一个生命周期评价国际标准 ISO14040《生命周期评价原则与框架》，随后又相继颁布了该系列的其他几项标准和技术报告。根据 ISO 的规定，LCA 的基本结构分为四个部分：目标和范围的确定、清单分析、影响评价、结果解释（徐长春等，2013）。

生命周期评价分为四个主要步骤：第一步，目标和范围确定。这是整个生命周期评价的出发点与立足点，决定了后续步骤的进行和最终研究结论，要求明确 LCA 分析的目标产品、系统边界、分配方法、数据要求、约束条件、假设条件、功能单位等。功能单位要满足对比分析时必须定义可比的功能。第一步可以参照以下问题来进行，即产品是什么种类、规格？在哪个国家地区和年份？经过什么生产过程？用什么原料、技术、规模？第二步，LCA 模型构建。数据来源包括实景单元过程（Foreground Process）和背景单元过程（Background Process）。实景过程是指自己调查的过程，是模型分析和改进的重点。背景过程是指来自数据库或其他人的成果的数据，是为了补充实景无法获得的数据，保证模型的完整和计算，这部分数据大多来自 LCA 软件数据库。第三步，影响评价。根据生命周期清单分析数据与环境的相关性，把数据按照温室效应、酸化效应、臭氧层破坏等环境影响项目进行分类，评价环境问题的影响程度。第四步，结果解释。归纳总结第三步中清单分析和影响评价的结果，总结出研究结论并提出建议。除了以上四个步骤，由于生命周期评价缺少数据的可信度分析，最好还要进行数据质量评估与改进，并进行针对性迭代来提高可信度（郑秀君和胡彬，2013）。

生命周期评价方法可分为过程生命周期评价（Process-based LCA，PLCA）、投入产出生命周期评价（Input-output LCA，IO-LCA）及混合生命周期评价（Hybrid LCA，HLCA）。过程生命周期评价是一种自下而上的分析方法，通过实地调查、监测或二手统计资料收集产品生产过程中各阶段的能源和物料投入，计算产品的环境影响（Zhai 和 Williams，2010）。PLCA 方法能够精准分析出全生命周期内产品、服务的环境负荷，比较产品的环境影响，并根据情况对评价模型进行调整，确定评价的范围和精度。但是 PLCA 方法存在核算边界不完整等问题，无法保证结果的准确性。IO-LCA 是基于投入产出表建立的一种自上而下的生命周期分析方法。该方法解决了 PLCA 在系统边界确定和清单数据收集上的弊端，能够完整地核算产品或服务的能耗及环境影响。此外投入产出表是以货币的形式反映各部门之间的物质和能量流动，因而对于某个部门的产品或服务而言，采用投入产出表可以分析其他行业部门为生产该产品或服务所引起的间接能耗与排放。混合生命周期评价是将 PLCA 和 IO-LCA 结合使用的方法。通过将 PLCA 和 IO-LCA 相结合，既可以消除截断误差，又可以加强对具体评价对象的针对性，同时还能将产品的使用和报废阶段纳入评价范围（Zhang 等，2013）。PLCA 一直是生命周期评价的主流方法，直到 20 世纪 90 年代末期 HLCA 方法才逐渐被采用。根据 PLCA 与 EIO-LCA 结合方式的不同，存在三种不同形式的混合生命周期评价模型，包括分层混合生命周期评价（Tiered Hybrid LCA，THLCA）、基于投入产出的混合生命周期评价（I-O based Hybrid LCA，IOHLCA）以及集成混合生命周期评价（Integrated Hybrid LCA，IHLCA）（Suh 等，2004）。

二、生态足迹内涵

（一）生态足迹的发展

随着经济全球化和科学技术的不断发展和进步，各国政府和国际组织对生态环境的可持续发展越来越重视，尤其是定量评价可持续发展问题更是前沿热点问题（王艳和王力，2011）。在此背景下，如何合理有效地衡量一国或地区的可持续发展，科学客观地评价人类生产活动对自然资源的损耗与生态系统所能提供的生态服务功能之间是否平衡，尤显重要，而生态足迹提出的目的正是试图解决如何定量评价自然资源损耗程度与区域可持续发展问题。"生态足迹"的概念是由加拿大经济学家 Rees 于 1992 年提出的，并由 Wackernagel（1997）进一步完善。目前，生态足迹理论被国内外学者广泛应用到全球、国家和地区等多个尺度。

生态足迹思想起源于可持续发展思想（谭伟文等，2012；吴孟孟和贾培宏，2014；赵煜等，2015），可持续发展的本质是人类社会的生产和消费活动应该考虑其对生态环境的影响，不该超出生态承载力的范围、给生态环境造成永久伤害，当代人的发展应考虑后代，为后代留下足够的资源，以确保资源环境满足人类的永续生存。20 世纪 60 年代以来，为探讨人类社会的活动对生态环境的压力，学术界从多个角度提出衡量可持续发展的指标，运用各种理论，构建丰富的模型对人类资源利用进行量化和评价。生态环境决定了一个地区的可持续性，它为地区的发展提供了自然物质基础、为人类的社会经济活动提供了承载空间。因此，区域可持续发展的实现必须综合考虑生态环境的资源可再生与替代能力、考虑生态系统的循环与净化能力、考虑生物多样性的保护。

Rees（1992）提出了生态足迹指标，将生态足迹形象地比喻为"一只负载着人类与所创造的城市、工厂……的巨脚踏在地球上留下的脚印"，这也是生态足迹思维和概念的起源。生态足迹思想是一种朴素的可持续思想，具体包含两个方面：一方面，人类社会的一切活动和消费都可以换算成土地占用面积来衡量；另一方面，地球的总面积是既定的。其中，土地面积包括土地和水域两种。当人类活动和消费占用的土地面积超过地球总面积，就代表超过了生态承载力。Wackernagel（1997）对生态足迹进行了进一步研究与发展，生态足迹被定义为一种"资源账户"。随着研究的不断深入，生态足迹的研究领域不断拓展，从研究尺度上来说，包括个人水平、家庭水平、企业水平、区域水平到国家水平和全球水平等；从研究内容上来说，生态足迹研究遍布不同行业、不同应用层面等，同时，随着理论与技术的发展，生态足迹研究与社会福利、工业工程、企业管理等相关交叉学科相结合，产生了丰富的研究成果；从研究方法上来说，有单一物质流的生态足迹分析与计算方法、考虑时间序列的生态足迹动态分析和计算方法，生命周期分析方法等。

（二）生态足迹的定义

生态足迹是指在已有人口和经济条件下，维持资源的消耗和吸收废弃物所需要的生物生产性土地面积（徐中民等，2006）。随着经济和社会的快速发展，人们的食物消费结构发生了重大变化，中国居民从以植物性为主的消费模式向以动物性为主的消费模式转变（刘春霞和王芳，2018），而这种转变过程将增加 3 倍的土地资源占用（Bouma 等，1998）。生态足迹通过比较自然提供的资源和人类生产活动中消耗的自然资源，衡量该地区发展是否具备可持续性（李晓晶等，2019）。生态足迹理论是将人类生产活动过程中实际的自然资源消耗和生态系统所能提供的自然资源服务作比较，从微观与宏观经济体系来揭示人类活动与资源环境的关系，进而衡量人类活动对生态系统服务需求是否具有可持续性，因此，赵煜等（2015）指出，生态足迹理论是由包括生态足迹、生态承载力、生态盈余/赤字等一系列生态足迹指标构成的。

　　国际上的足迹研究由 3 大学术群体共同主导：全球足迹网络（Global Footprint Network，GFN）主导生态足迹，水足迹网络（Water Footprint Network，WFN）主导水足迹，生命周期评价（Life Cycle Assessment，LCA）主导碳足迹。Giljum 等（2008）、Stoeglehne Narodoslawsky（2008）同时提出"足迹家族"的概念，旨在发挥其他足迹指标对生态足迹的补充作用。Galli 等（2012）首次将足迹家族作为独立的概念进行了详细论述，并赋予其特定的含义："由生态足迹、碳足迹和水足迹组成的指标集合，用于评估人类的生物资源和水资源消费及温室气体排放行为对地球环境系统的影响。"足迹家族概念的提出有利于各类足迹研究的进一步发展，为如何定义"足迹"这一争议已久的概念提供了系统观点。一开始，人们习惯于将足迹等同于生态足迹的定义，即"人类的生物资源消费和化石能源碳排放所需占用的生态生产性土地和水域面积"，随着碳足迹和水足迹指标的引入，足迹逐渐转化为反映资源消费水平或环境影响强度的指标。随着交叉学科的综合考虑，一系列代表社会经济领域的指标被提出，如经济足迹、社会足迹、雇佣足迹等（方恺，2015）。因此，足迹家族的范围不断扩大，使得足迹的概念和内涵不断深化，即要包含环境、社会、经济等领域的可持续性。

三、碳足迹内涵

（一）碳足迹的发展

碳足迹的概念来源于生态足迹概念，是评价碳排放影响的全新的测度方法，考虑了全球变暖潜能（GWP）的温室气体排放的一种表征（Evans，2010）。"碳足迹"这个词组来源于英语词组"Carbon Footprint"，这个词组首先在英国流行，它表征着一个人或者一个团体的"碳耗用量"。确切地说，这里的"碳"指的是木材、石油、煤炭、天然气等自然资源中所含有的碳元素，现在泛指温室气体排放框架内所有温室气体。碳足迹主要指人类生产和消费活动过程中所有与气候变化相关的气体排放的总和，作为全新的测算碳排放的方法，它不同于其他碳排放的研究，碳足迹从生命周期角度，分析人类生产过程中整个周期直接和间接相关的碳排放。目前，碳足迹理论还处于发展阶段，远未形成共识。各国学者对"碳足迹"的定义非常丰富，其中，Wiedmann和 Minx（2007）提出，"碳足迹一方面为某一产品或服务系统在其全生命周期所排放的二氧化碳总量；另一方面为某一活动过程中所直接和间接排放的二氧化碳总量，活动的主体包括个人、组织、政府以及工业部门等"。这一概念较为全面准确，但是忽略了其他温室气体对气候变化的影响，如 CH_4、NO_X 等。部分学者将碳足迹定义为一个产品或服务在整个生命周期中产生的二氧化碳和其他温室气体的总和。总之，有关碳足迹概念的争议主要在研究对象和表征问题两个方面。具体而言，在研究对象方面，碳足迹到底是计算二氧化碳的排放量还是所有的温室气体转化为二氧化碳当量的排放量；在表征方面，是以土地面积单位还是以重量单位作为碳足迹计量单位（王微等，2010）。

2007 年 6 月，英国政府环境、食品与农村事务部在网站上发布了针对个人或家庭的二氧化碳排量计算器，使得公众通过网络便可计算个人或家庭每天生活排放的二氧化碳量。2008 年底，英国标准协会、节碳基金和英国环境、食品与农村事务部联合发布了新标准 PAS 2050《产品与服务生命周期：温室气体排放评估规范》。该标准用于计算产品或服务在整个生命周期内（从原材料的获取，到生产、销售、使用和废弃后的处理）的温室气体排放量。PAS 2050 的宗旨是帮助企业真正了解其产品对气候变化的影响，寻找在产品设计、生产和供应等过程中降低温室气体排放的机会，最终开发出碳足迹更小的新产品，从而在应对气候变化方面发挥更大的作用。此外，美国、英国、中国的一些网站也纷纷推出碳足迹计算器，使得碳足迹为各国民众广泛接受，以达到碳抵消或碳中和（Carbon Offsets）的目的。

（二）碳足迹的定义

学术界对碳足迹概念观点不一，被广泛接受的有三种：一是碳足迹是指人类生产活动中燃烧化石能源排放的二氧化碳量（Pandey 等，2011）；二是碳足迹是产品生产在生命周期中所有环节的二氧化碳及其他温室气体排放量总和（程辞，2013）；三是碳足迹是通过测算二氧化碳直接排放量和间接转化量来表征人类活动对气候的影响。

当前，计算碳足迹的方法主要有 4 种，分别为生命周期评价法、投入产出法、IPCC 计算法、碳足迹计算器（耿涌等，2010）。

1. 生命周期评价法

生命周期评价法（Life Cycle Assessment，LCA）是指对一个产品系统的整个生命周期中资源和能量的输入输出及其潜在的环境影响的汇总评价。根据 ISO 的规定，LCA 的基本结构分为目标和范围的确定、清单分析、影响评价和结果解释四个部分。利用生命周期评价法计算产品碳足迹通常要求具体到产品原材料的开采、加工、运输、利用、废弃处理等全生命周期环节。因此，在计算工序复杂的产品时，将面临计算量大、易忽略某些计算步骤等问题。目前，学术界利用生命周期评价法主要计算某些具体产品的碳足迹，并以此为依据构建评价模型，从不同行业、区域、时空等尺度分析碳排放现状（刘宇等，2015）。

2. 投入产出法

投入产出法（Input-Output，I-O）是美国经济学家瓦西里·列昂惕夫创立的。他在 1936 年首次发表了投入产出研究论文——《美国经济制度中投入产出的数量关系》，并在 1941 年出版了《美国经济结构，1919—1929》一书，详细介绍了投入产出分析的基本内容。利用投入产出法计算碳足迹主要依靠投入产出表来计算二氧化碳排放量。根据产品的直接消耗系数和完全消耗系数分别估算二氧化碳的直接排放和间接排放。鉴于投入产出法计算结果的准确度有限，因而多被用于隐含二氧化碳的计算。目前，投入产出法已成为经济学领域的一种成熟工具。学术界众多学者采用投入产出模型计算各行业、各区域的二氧化碳排放量，并对区域减排和环境可持续发展作出分析。总体来说，投入产出法是一种自下而上的计算方法，其模型的建立较为简单，因而计算过程常常缺少细节，适用于宏观温室气体排放的计算（刘宇等，2015）。

3. IPCC 计算法

IPCC 计算法（Intergovernmental Panel on Climate Change）是国际公认并通用的碳排放评估方法，是由联合国气候变化委员会编写的涵盖了温室气体排放计算方法的国家温室气体清单指南。IPCC 方法的研究区域主要分为能源部门、工业过程和产品使用部门、农林和土地利用变化部门、废弃物部门 4 个部门。IPCC 方法的计算规则是：碳排放量＝活动数据×排放因子。使用缺省计算方法，可用于排放量的粗略估算；使用国家/地区计算方法，考虑地区特点，其准确度会提高；具体设施计算方法，直接测量，最准确。IPCC 提供了涵盖不同国家、不同产业的丰富的排放因子，全面地考虑了温室气体的排放源，是一种准确度更高的计算方法。但是，该方法仅从生产角度计算研究区域的碳足迹，而无法从消费角度计算。

4. 碳足迹计算器

碳足迹计算器是互联网上流行的碳足迹计算软件，人们可以随时使用该方法计算个人或家庭生活中的二氧化碳排放量。该方法是利用简单排放因子公式将生活中各种消耗量转化为二氧化碳排放量，其操作简单，但结果较不精准。该方法对于学术研究的意义不大，但是有益于提高公民的碳足迹意识，促进公众的环保行为和低碳行动。

碳足迹的研究尺度主要分为产品、个人、家庭、企业组织、城市、国家和区域及交通和建筑等特定产业部门（Hendrie 等，2014）。产品碳足迹是指单个产品"从摇篮到坟墓"的全生命周期内的温室气体排放量；个人碳足迹和家庭碳足迹是指个人或家庭在日常生活中衣食住行等活动产生的碳排放；企业组织碳足迹是在产品碳足迹的基础上，包含了企业非生产性活动带来的碳排放；城市、国家和区域碳足迹是在不同视角下一定空间内的总物质与能耗产生的碳排放；产业部门碳足迹主要包括工业碳足迹、交通碳足迹、建筑碳足迹、供水系统碳足迹、医疗卫生碳足迹等。从不同的产业部门研究碳排放，有利于各行业发展具有针对性的减排措施与技术进步。

四、水足迹内涵

（一）水足迹的发展

水资源作为生活生产过程中的一种基础性资源，常常以看不见的形式存在于各种活动中（马晶和彭建，2013）。1992 年 1 月，都柏林水与环境国际会议（ICWE）发表的《都柏林宣言》中就指出，"水（尤其是淡水）是一种有限和脆弱的资源，对其开发和管理应该采用多种方式，而由于水的各种用途都具有竞争力，有着良好的经济价值，应被视为经济商品"。2002年，荷兰屯特大学的 Hoekstra 教授基于虚拟水的概念，类比"生态足迹"的内涵，提出了"水足迹"这一全新的概念（周玲玲等，2013）。水足迹可形象地解释为"水在生产和消费过程中踏过的脚印"（Hoekstra 和 Hung，2003）。基于虚拟水的概念，水足迹是指在一定条件下，生产人类消费的产品所需付出的水资源数量，水足迹的计算表达式为：水资源量＝产品消费量×单位产品虚拟水含量。水足迹是衡量区域水资源可持续的重要指标，指的是一个国家或地区在一定时间内消费的所有产品和服务所需要的水资源总量，故水足迹由直接水足迹和间接水足迹构成，同时水足迹也可以分为绿水足迹、蓝水足迹和灰水足迹三个部分（虞祎等，2012），其中蓝水足迹和绿水足迹表示水足迹的消耗指标，蓝水是指地表和地下水资源（如湖泊、湿地、浅层地下水中的资源等），绿水是指存在于土壤非饱和含水层中、以蒸发的形式被植物利用的土壤水，灰水足迹表示水足迹的污染指标，指用以稀释污染物消耗的水资源。水足迹通过定量核算产品或服务的水资源使用情况，揭示了人类生产生活消费活动对水资源的占用与影响。目前，水足迹的研究尺度大多停留在全球、国家和省域层面，而市级及以下层面的研究较少。

自2002年水足迹概念提出以后，人们对于这一概念的反响并不强烈，直到2008年《地球生命力报告》首次用"水足迹"（Water Footprint）作为指标衡量地球健康状况，以显示人类活动对地球生态系统的需求状况。2011年，Hoekstra 在水足迹网络（WFN）首次发布了《水足迹评估手册》，该手册奠定了许多政府、组织机构和个人开展水足迹核算与评估的基础。生态足迹模型六大类生产型土地之一的水域不包括地下水与地表水，不能完全对水资源可持续进行有效评估，而地下水在生态环境保护与社会经济发展中起着关键性作用。故而，学者对水足迹进行进一步研究，将水足迹模型引入生态足迹模型中估计人类生产活动对水资源的消耗和水资源所能提供的需求，构建水资源生态足迹（黄林楠等，2008；张义等，2013）。2014年国际标准化组织颁布ISO14046：2014《环境管理水足迹原则、要求与指南》国际标准，规定"水足迹"一词仅用于综合水足迹评价结果。该标准规定了采用生命周期评价（LCA）观点的水足迹评价的原则与要求，建立了统一的评价原则和方法体系，目前研究中水足迹大多为基于数量评价的方法。这是对水足迹理论和生态足迹理论的进一步完善，借此可以更科学地评价社会经济环境的可持续发展（钱逸颖等，2018）。

（二）水足迹的定义

水是生命之源，人类在生产生活中会消耗大量的水资源。水足迹用以衡量可持续区域水资源，指一定区域内所有产品和服务所消费的水资源总量（方恺，2015）。水足迹概念的提出使人们意识到地球上水资源的消耗除了常见的直接使用水资源的情况，更与生产、消费中"不可见"的虚拟水消耗紧密相连。研究水足迹这一重要指标，有利于揭示地球上水资源的危机状态，为水安全、水资源可持续发展研究提供重要的依据。

第五章

我国食物消费模式演变特征与趋势

一、宏观视角下食物消费模式演化特征及趋势变化

　　改革开放以来，随着中国社会经济的持续快速发展、居民生活的日益富裕以及城市化的快速推进，中国居民食物消费结构不断变化，食物种类日趋多样化，营养不良状况明显改善。粮食的直接消费量比重不断下降，而水果、蔬菜、肉、蛋和水产品等的消费量比重显著增长（马云倩等，2016）。同时，食物消费结构的变化对农业产出提出了新的要求。尤其是面对中国人均耕地面积不到全球平均水平40%、人均水资源量不到全球平均水平28%的发展瓶颈，农业用地与其他土地利用方式的矛盾，农业用水与其他生活及其部门用水的冲突，都呈现出日益紧张的局面。

　　本章使用联合国粮食与农业组织数据库提供的中国食物消费数据，所涉及的食物种类包括谷物类、植物油类、肉禽蛋奶类、

水果类、蔬菜类、水产品类、薯类和其他食物共计 8 大类 81 种食物，并选取食物消费平衡表中居民食物消费量、能量供应、蛋白质、脂肪数据，从食物消费能量供应角度动态分析中国食物消费模式演化特征和趋势；在食物消费量上引入扩展线性支出系统模型（ELES）进一步探讨食物消费演变趋势。

（一）居民食物消费量演变特征及趋势分析

为了更好地体现食物消费的演变特征，本节将以食物消费能量供应作为表征，重点讨论食物消费演变过程中食物消费能量供应的演变特征。从食物能量供应形态上（见图 5-1），1978～2013年中国居民人均食物消费不断增加，由 1978 年的 2080 千卡/天增加到 2013 年的 3108 千卡/天，年均增长率为 1.15%。其中，谷物类食物消费先增加后缓慢减少，2013 年与 1978 年相差不大，但所占的比重由 1978 年的 66.73%下降到 2013 年的 45.56%；植物油、蔬菜、水果、肉类、鸡蛋、牛奶、水产品类食物消费逐年增加，到 2013 年，所占比重分别为 5.79%、7.43%、3.35%、17.12%、4.31%、1.9%和 1.93%。

根据图 5-1，可将中国食物消费分为三个阶段：

第一阶段是 1978～1986 年，植物性食物所提供的能量供应都在 90%以上，而动物性食物所提供的能量供应在 6.68%～9.82%。在植物性食物消费中，谷物类食物提供的能量供应呈现先上升后下降的趋势，但总体来说谷物类的能量供应是上升的；其他各类食物在这一阶段的能量供应是缓慢增加的。这表明谷物类食物消费占主导地位，其他类食物消费有所增加，食物消费种类逐渐多样化。

第二阶段是 1987～2003 年，植物性食物能量供应在 80%以

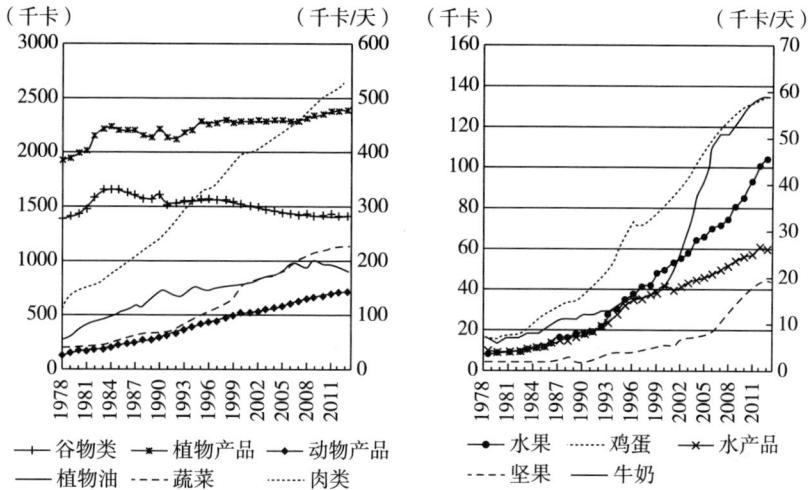

图 5-1　植物产品和动物产品消费能量变化趋势

上，动物性食物能量供应在 10.3% ~ 19.77%，2003 年动物性食物能量供应达 19.77%。在植物性食物能量供应中，谷物类仍是食物能量供应的主要来源，占总能量来源的 51.83% ~ 65.65%，但谷物类能量供应比重逐年减少；在其他类食物中，蔬菜、水果、肉类、鸡蛋、牛奶和水产品能量供应涨幅均在 100% 以上，年均分别增加了 10.18 个、14.19 个、6.11 个、12.14 个、10.16 个和 10.98 个百分点。这表明其他类食物，尤其是蔬菜、水果类食物消费得到明显的增加，食物消费结构多样化进一步加强。

第三阶段是 2004 ~ 2013 年，植物性食物能量供应在 76% ~ 79%，动物性食物能量供应在 21% ~ 24%，2013 年，动物性食物能量供应较 1978 年提升了 17.3 个百分点。谷物类食物能量供应比重由 1978 年的 67% 下降到 2013 年的 46%；肉类能量供应占总能量供应的 14% 以上，到 2013 年达到 17.12%，鸡蛋、牛奶和水果具有较明显的增长。因此，尽管总体上中国居民食物消费模式仍以植物性和谷物消费为主，但食物消费结构不断向多样化的方向优化演变。

（二）基于 ELES 模型的我国居民食物消费演变趋势

为了更好地将我国居民食物消费演变趋势体现出来，在此引入扩展线性支出系统模型（Extend Linear Expenditure System，ELES）来分析食物消费模式的演变趋势。根据数据的可得性，选取 1978~2016 年居民可支配收入作为收入参数，谷物类、植物油、羊肉、猪肉、蛋、奶、水果类、蔬菜类、水产品、薯类、坚果和酒类等食物消费量作为消费需求量参数。ELES 模型常见的用于分析消费行为和趋势变化的方法，最初是 1954 年由英国经济学家 Stone 提出的，经济学家 Luch 做进一步完善。其模型表达式为：

$$V_j = P_j X_j^0 + \beta_j \left(Y - \sum_{i=1}^{n} p_i x_i^0 \right) \ (i,\ j=1,\ 2,\ 3,\ \cdots,\ n,\ 0<\beta_j<1)$$

$$(5-1)$$

式中，V_j 为消费者对产品的支出份额，P_j 为商品价格，X_j^0 为商品需求量，β_j 为边际消费倾向，Y 为消费者的可支配收入。模型所表达的含义是：在可支配收入 Y 给定的前提下，一部分用于购买基本生活必品 $P_j X_j^0$，其跟收入水平无关，只是维持最基本的生活水平；剩余的收入 $\left(Y - \sum_{i=1}^{n} p_i x_i^0 \right)$ 用于购买其他消费品和消费者偏好，β_j 反映的是居民对某种食物的消费支出对收入变动的敏感程度，同时体现了在未来一段时间内居民消费该类食物的趋势变化。但由于除消费外，将有一部分收入用于储蓄，故 $\sum_{j=1}^{n} \beta_j <$ 1。可将式（5-1）变为：

$$V_j = a_j + \beta_j Y \ (j = 1, 2, 3, \cdots, n) \tag{5-2}$$

其中，$a_j = P_j X_j^0 - p_i x_i^0$。

根据各变量数据，模型参数估计结果如表 5-1 所示。

表 5-1　参数估计结果

参数值	谷物	植物油	牛羊肉	猪肉	蛋	奶类	水果	蔬菜	水产品	薯类	坚果	酒类	糖类
a_j	105.84	3.003	1.172	10.68	4.001	2.036	8.182	58.39	3.005	47.21	0.995	3.005	4.402
β_j	0.012	0.001	0.001	0.003	0.002	0.002	0.006	0.027	0.003	0.005	0.000	0.003	0.001
$P_j X_j^0$	109.09	3.177	1.346	11.46	4.417	2.665	9.909	65.58	3.736	48.67	1.107	3.736	4.558
收入弹性	0.341	0.494	0.715	0.553	0.637	0.839	0.780	0.670	0.804	0.342	0.654	0.804	0.374

由表 5-1 参数估计结果，从边际消费倾向来看，中国居民对蔬菜类食物消费的边际消费倾向最高，β_j 值为 0.027；其次是谷物类的边际消费倾向，β_j 值为 0.012；再次是水果和薯类，β_j 值分别为 0.006 和 0.005。这表明随着居民收入水平的提高，谷物类食物消费依旧是中国居民食物消费的主要组成部分，同时增加了其他类食物的消费，尤其是蔬菜、水果类富含微量营养素食物的消费。

从收入弹性来看，中国居民食物消费收入弹性较高的是奶类，为 0.839；其次是水产品和酒类，同为 0.804；再次是水果类和牛羊肉，分别为 0.780 和 0.715。这表明随着居民人均收入水平的不断提高，中国居民对奶类、水产品、酒类等的需求逐渐提高，谷物和薯类在需求中所占的比例逐渐下降。换言之，中国居民食物消费模式正处于食物结构不断多样化的优化调整过程。而食物消费模式的转变意味着食物消费对生态环境压力的影响也发生了变化，具体的食物消费对环境效应的影响将在下文进一步探讨。

本节通过食物消费能量供应特征和食物消费变化趋势两个方面对中国居民食物消费模式演变特征及趋势进行了详细的探讨。食物消费能量供应变化趋势表明中国居民食物消费长期是高膳食纤维、低脂肪的饮食模式。总体上，中国居民食物消费模式仍以植物性和谷物消费为主，但食物消费结构不断向营养均衡和食物多样化的方向优化演变。通过 ELES 模型对中国居民食物消费演变趋势的研究得出，中国居民食物消费模式正处于不断调整优化的过程中，食物消费种类多样化。

二、微观视角下食物消费模式演变趋势分析

随着居民生活水平的不断提高，食物消费对农业生产、国民健康、生态环境已产生严重影响，而改变食物消费模式是解决食物消费对环境造成影响的重要途径。本节将以家庭为个体进行研究，从家庭的视角探讨食物消费模式演变趋势。依据 CHNS 家庭食物消费数据，利用基于拓扑保持的自组织映射（SOM-TP）聚类方法界定家庭食物消费模式，根据马尔可夫模型构建食物消费模式转移矩阵模型，从时间间隔层次变化强度、类别层次变化强度、转换层次变化强度三个维度探讨家庭食物消费模式演变趋势变化和阶段稳定性特征，并从城乡、收入水平、家庭规模三个方面进行对比分析。

（一）基于 SOM-TP 的食物消费模式识别

1. 基于 SOM-TP 的聚类方法

SOM 神经网络在处理复杂数据方面具有很高的稳健性，对于解决复杂多变的、非线性分布的类型识别问题是非常有效的。食物消费模式具有不断变化的动态性特点，且各食物类型（聚类变量）间呈非线性的关系，为此本节采用基于 SOM 的聚类算法，生成并界定家庭食物消费的不同模式。

SOM 网络由输入层和输出层组成，输入层接收输入样本数据集，输出层（隐藏层）形成一个二维排列的节点（神经元）。输入层中的每一个节点通过权值向量与输出层中的每一个节点相连。若输入样本为 n 维向量 X，分类数目为 m，建立包含 n 个输入节点和 m 个输出节点的 SOM 网络，输入节点和输出节点的连接权值为 n 维向量 W。则基本的 SOM 算法遵循如下步骤：

（1）初始化每个输出节点的连接权值 W（时刻 t=0）。

（2）从样本数据集中随机选取一个样本 X，计算其与每个连接权值 W 的距离（通常采用欧氏距离），选择距离最小的输出节点 W_c（$1 \leqslant c \leqslant m$），称为最佳匹配节点（BMU）。

（3）按照式（5-3）调整 BMU 及其邻域内每一个节点的连接权值 W。

$$W(t+1) = W(t) + l(t) \times h_c(t)[X(t) - W(t)] \qquad (5-3)$$

其中，W(t) 为第 t 步的连接权值，l(t) 为第 t 步的学习率，通常随着训练进行而逐渐减小，以保证学习过程的收敛性；$h_c(t)$ 为 BMU 的邻域函数，通常采用高斯函数。

（4）重复步骤（2），直到满足结束条件（如达到最大迭代步数）时为止。

在 SOM 网络模型进行食物消费模式聚类时，需事先确定分类个数，也就是输出节点的数目 m。若由研究人员事先给定所要划分的类型数目，则主观性比较大，可能存在无法准确反映客观类型划分的情况。为此，引入衡量拓扑保持（Ortiz 等，2014）的两个误差指数，即量化误差 Eq 和拓扑误差 Et，建立 SOM 聚类效果的拓扑保持（TP）测度模型，用以确定食物消费模式的类型数，提高食物消费模式识别的客观性和科学性。

$$E_q^m = \frac{1}{K} \sum_{i=1}^{K} \| B_1(X_i) - X_i \| \qquad (5-4)$$

$$E_t^m = \frac{1}{K} \sum_{i=1}^{K} \| B_1(X_i) - B_2(X_i) \| \qquad (5-5)$$

其中，E_q^m 为分类数为 m 时的量化误差，E_t^m 为分类数为 m 时的拓扑误差，K 为样本容量，$B_1(X_i)$ 为第 i 个样本 X_i 的最佳匹配节点，$B_2(X_i)$ 为第 i 个样本 X_i 的第二佳匹配节点。

令 m = 2，3，…，M+1，则 $E_q = (E_q^m)$，$E_t = (E_t^m)$ 为 M 维向量，分别进行离散标准化，记为 E'_q，E'_t。令：

$$TP = E'_q + E'_t \qquad (5-6)$$

若 TP_i（$1 \leqslant i \leqslant M$）越小，则对应的 SOM 网络模型的表现越好，其聚类效果（分类数为 i+1）越理想。

2. 家庭食物消费模式识别

本节所采用的家庭食物消费数据来源于中国健康与营养调查（CHNS），CHNS 数据是由北卡罗来纳大学人口研究中心和中国疾病与预防控制中心联合展开的调查收集的，主要目的是研究中国人口的健康和营养状况。CHNS 调查范围覆盖了中国东部、中部、西部和东北部地区，对全国总体情况具有较强的代表性，具有较高的权威性和可靠性（郭熙保和周强，2016），是目前用于研究中国居民食物消费等最好的微观数据库。迄今为止，CHNS 调查发布了 1989 年、1991 年、1993 年、1997 年、2000 年、2004 年、2006 年、2009 年、2011 年共 9 年的数据，鉴于 1997 年以前调查的食物品种存在较大的差异，为保证数据的一致性，选取了 1997~2011 年共 6 个调查年份的数据。通过删除存在缺失值和异常值的家庭，获得样本容量为 24400 的非平衡面板数据，具体分布为：1997 年 3076 个、2000 年 3698 个、2004 年 4014 个、2006 年 4232 个、2009 年 4261 个、2011 年 5119 个。其中，6 个调查年份中都出现的家庭数为 1135 个。

CHNS 调查涉及近 2000 个品种的食物，为研究需要，根据相关文献的食物分类方法并结合我国食物消费特点，将食物消费分为小麦、稻米、其他谷物、根豆类、蔬菜、水果类（包括水果和坚果）、猪肉、牛羊肉、禽肉、蛋奶类、水产品、零食类、饮料类（包含酒类）、油脂类、其他食物共 15 种类型；然后，以食物能量值卡路里（calories）为单位，按照《中国食物成分表》（包括 1991 年版、2004 年版、2009 年版）的编码及各品种食物的能量值系数，将家庭食物消费分别汇总划入上述 15 种类型。

依据 SOM-TP 的聚类算法，将家庭食物消费数据矩阵 X_{ij}（$i=24400$，$j=15$）导入 SOM 网络中，输入层的节点数为 $n=15$。输出层节点数 m 从 $m=2$ 开始，依次增加 1，直到 $m=21$ 结束。基于 SOM-TP 的聚类结果如表 5-2 所示。

表 5-2　食物消费聚类结果

分类数	2	3	4	5	6	7	8	9	10	11
TP 值	1.000	0.723	0.582	0.584	0.490	0.519	0.519	0.562	0.502	0.510
分类数	12	13	14	15	16	17	18	19	20	21
TP 值	0.556	0.581	0.647	0.696	0.725	0.695	0.762	0.774	0.862	1.000

从表 5-2 中可知，随着分类数目的增加，TP 值呈现先下降后增加的趋势，且当分类数为 6 时，TP 值达到最小值。为此，把家庭食物消费分为 6 个类别，即界定出食物消费的 6 种模式，如表 5-3 和图 5-2 所示。

表 5-3 食物消费模式基本信息

食物消费模式	能量供应量（千卡/人/天）			样本		
	最小热量	最大热量	平均热量	样本量（份）	南方占比（%）	北方占比（%）
模式 1	2606	4202	3230	2666	84.13	15.87
模式 2	2218	4178	2917	3400	55.03	44.97
模式 3	1447	2874	2275	6385	80.97	19.03
模式 4	1001	2367	1639	6515	61.60	38.40
模式 5	1079	2839	2021	3869	11.58	88.42
模式 6	2066	4166	2951	1565	20.58	79.42

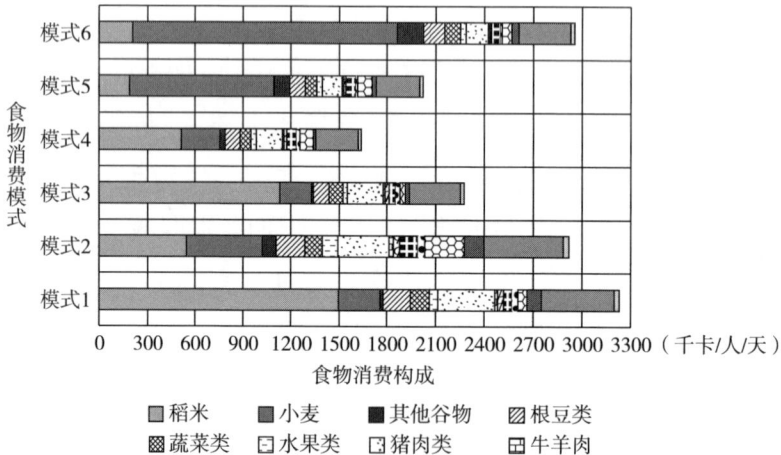

图 5-2 中国家庭食物消费模式

从表5-3和图5-2可知，6种食物消费模式平均能量供给量在1639~3230千卡/人/天，本书将能量值在1800千卡以下定义为低热量供给，1800~2400千卡为中等热量供给，2400~3000千卡为高热量供给，3000千卡以上为超高热量供给。从食物消费结构角度来看，模式1的稻米消费量高达1494千卡/人/天，所占比重为46.26%，远超过小麦、其他谷物、根豆类的主食消费；蔬菜类、猪肉类均在6个模式中消费最高，分别为117千卡/人/天、351千卡/人/天；油脂类消费量为448千卡/人/天，在6个模式中排名第二，属于高消费，而其他种类的食物消费占比在0.50%~2.74%。并且模式1在南方地区家庭消费所占比重为84.13%，大部分分布在湖北、湖南、广西等南部地区。可见，模式1属于典型的南方传统饮食结构。从能量供给来看，模式1的最低能量供给为2606千卡/人/天，属于高热量供给，最高能量供给为4202千卡/人/天，属于超高热量供给，而模式1平均能量供给值为3230千卡，表明模式1总体上属于超高能量供给。因此，模式1是以稻米为主食的高热量消费模式，将其命名为超高热量的南方传统型消费模式。

模式2的稻米、小麦、其他谷物、根豆类消费量分别为545千卡/人/天、487千卡/人/天、85千卡/人/天、177千卡/人/天，稻米和小麦的主食类消费量各占一半。其中，模式2的主食类消费量较少，其他品种消费量并未减少，反而增加了果类、蛋奶类、零食类和饮料类的消费量。模式2在南方地区家庭消费占比为55.03%，北方地区家庭占比为44.97%，两者相差10.06%，表明该膳食模式并不属于区域传统饮食，在南北方地区均存在。虽然模式2的能量供给值在［2218，4178］内，能量摄入量属于从中等热量到超高热量供给，但是模式2的平均能量供给为2917千卡/

人/天，表明模式 2 总体上能量摄入属于高热量供给。综上可知，模式 2 减少了主食食物的消费向其他食物的消费转移，以此达到食物饮食的均衡，因此，将其命名为高热量的均衡型消费模式。

模式 3 的稻米、小麦、其他谷物、根豆类消费所占比重分别为 49.79%、8.50%、0.50%、0.40%，各类食物消费占比与模式 1 的消费占比差异甚微，并且模式 3 在南方地区家庭消费量远大于北方地区，超出 60%。可见，模式 3 也属于南方传统饮食模式。两者唯一的区别在于能量供给上，模式 3 的最低能量供给为 1447 千卡/人/天，属于低热量供给，最高能量供给为 2874 千卡/人/天，属于高热量供给，能量摄入量从低热量供给到高热量供给，但是其平均能量总供给为 2275 千卡/人/天，与模式 1、模式 2 相比属于中等热量食物消费，因此，将其命名为中等热量的南方传统型消费模式。

模式 4 的稻米、小麦、其他谷物、根豆类的消费量分别为 514 千卡/人/天、240 千卡/人/天、32 千卡/人/天、94 千卡/人/天，虽然稻米和小麦的差距相比于模式 1、模式 3 较小，但该类模式仍以稻米为主食。模式 4 的主食消费量为 910 千卡/人/天，远远低于其他 5 个消费模式，表明模式 4 在很大程度上减少了主粮摄入量。一方面，已有学者研究得出中国居民对主粮的消费需求正在减少；另一方面，模式 4 的家庭数逐年增加，在 2011 年占比为 42%，接近一半，并且模式 4 的家庭食物消费数量最多，达 6515 户家庭。这说明模式 4 是中国居民食物消费的主流消费形式。此外，模式 4 的油脂类消费量最低，总能量供给也是 6 个模式中最低的，属于低脂低热量饮食模式。因此，将其命名为低脂低热量的主流型消费模式。

模式 5 和模式 6 的稻米所占比例分别为 9.25%、7.03%，小麦消费占比分别为44.97%和56.10%，其他谷物消费占比分别为4.73%、5.42%，根豆类消费占比分别为4.80%、4.75%，两者的小麦消费量均远超过稻米、其他谷物和根豆类的消费量，而其他种类食物消费相当。并且模式5和模式6均分布在山东、河南等北方地区，在湖南、湖北等南方地区较少，北方地区消费占比远超于南方地区。因此，模式5和模式6均属于典型的北方传统饮食习惯。从消费能量供给方面来看，模式5的能量供给值在［1079，2839］内，模式6的能量供给值在［2066，4166］内。可见，模式5的最低能量值和最高能量值均低于模式6。总体上看，模式5的平均能量供给为2021千卡/人/天，属于中等能量供给；模式6的平均能量供给为2952千卡/人/天，属于高能量供给。因此将模式5命名为中等热量的北方传统型消费模式，模式6命名为高热量的北方传统型消费模式。综上，将6个模式的特征归纳为如表5-4所示。

表5-4　食物消费模式特征

模式	特征	命名
模式1	主食以稻米为主，蔬菜、油脂类、猪肉消费量高，分布在湖北、湖南、广西等南部地区，超高能量供给	超高热量的南方传统型消费模式
模式2	稻米和小麦的主食类消费量各占一半，果类、蛋奶类、零食类和饮料类消费量高，南北方家庭占比较多，高热量供给	高热量的均衡型消费模式
模式3	主食以稻米为主，蔬菜、油脂类、猪肉消费高，分布在湖北、湖南、广西等南部地区，中等能量供给	中等热量的南方传统型消费模式
模式4	主食以稻米为主，主食和油脂类消费量最低，家庭食物消费量最多，低能量供给	低脂低热量的主流型消费模式
模式5	主食以小麦为主，分布在山东、河南等北方地区，中等能量供给	中等热量的北方传统型消费模式
模式6	主食以小麦为主，分布在山东、河南等北方地区，高能量供给	高热量的北方传统型消费模式

（二）家庭食物消费模式演变趋势分析

1. 食物消费模式转移矩阵模型

由于国内外研究更多关注于食物消费量的年际变化趋势，较少考虑食物消费的阶段稳定性特点并进行食物消费模式的划分，因此本节选取 6 年间都出现的家庭数为样本，以转移矩阵为基础构建了食物消费模式转移矩阵，并基于变化强度建立食物消费模式时间间隔层次变化强度、类别层次变化强度、转换层次变化强度，探讨家庭食物消费模式演变趋势变化和阶段稳定性特征。式（5-7）表示食物消费模式转移矩阵，其中，N 表示家庭数量，n 表示食物消费模式类型，N_{ij} 表示模式 i 向模式 j 转变的数量。

$$N_{ij} = \begin{bmatrix} N_{11} & N_{12} & \cdots & N_{1n} \\ N_{21} & N_{22} & \cdots & N_{2n} \\ \vdots & \vdots & \ddots & \vdots \\ N_{n1} & N_{n2} & \cdots & N_{nn} \end{bmatrix} \qquad (5-7)$$

（1）时间间隔变化强度。时间间隔变化强度反映了在不同时间间隔内的食物消费模式变化情况。式（5-8）和式（5-9）分别表示各个时间段内食物消费模式变化强度 TS_t 和整个时间段内的食物消费模式平均变化强度 TU。

$$TS_t = \frac{\sum\limits_{j=1}^{n} \left[\left(\sum\limits_{i=1}^{n} N_{tij} \right) - N_{tjj} \right] \Big/ \left[\sum\limits_{j=1}^{n} \left(\sum\limits_{i=1}^{n} N_{tij} \right) \right]}{Y_{t+1} - Y_t} \times 100\% \quad (5-8)$$

$$TU = \frac{\sum\limits_{t=1}^{T-1} \sum\limits_{j=1}^{n} \left[\left(\sum\limits_{i=1}^{n} N_{tij} \right) - N_{tjj} \right] \Big/ \left[\sum\limits_{j=1}^{n} \left(\sum\limits_{i=1}^{n} N_{tij} \right) \right]}{Y_T - Y_1} \times 100\%$$

$$(5-9)$$

式中，n 为食物消费模式类型，N_{tij} 为在时间间隔 [t, t+1] 内从模式 i 向模式 j 转变的数量，t 为时间间隔 [t, t+1] 的编号，T 为时间编号总数，Y_t 为编号 t 对应的年份。当 $TS_t = TU$ 时，即表示该期间食物消费模式变化具有稳定性，如果每个时期的食物消费模式变化强度均等于整个时间段内的食物消费模式平均变化强度，则表示整个研究时间段内食物消费模式变化是稳定的；当 $TS_t > TU$ 时，即表示该期间食物消费模式变化是快速的；当 $TS_t < TU$ 时，即表示该期间食物消费模式变化是慢速的。

（2）食物消费模式类别层次变化强度。食物消费模式类别层次变化强度反映了不同食物消费模式变化强度在不同时间段内的变化情况。公式如下：

$$IS_{tj} = \frac{\left[\left(\sum_{i=1}^{n} N_{tij}\right) - N_{tjj}\right] \big/ (Y_{t+1} - Y_t)}{\sum_{i=1}^{n} N_{tij}} \times 100\% \qquad (5-10)$$

$$OS_{ti} = \frac{\left[\left(\sum_{j=1}^{n} N_{tij}\right) - N_{tii}\right] \big/ (Y_{t+1} - Y_t)}{\sum_{j=1}^{n} N_{tij}} \times 100\% \qquad (5-11)$$

式中，IS_{tj} 为时间间隔 [t, t+1] 内食物消费模式 j 的转入强度，OS_{ti} 为时间间隔 [t, t+1] 内食物消费模式 i 的转出强度，其他符号同前。如果每个食物消费模式均按时间段期初的数量以相同比例转出，也按时间段期初的数量以相同比例转入，那么各个食物消费模式的增加或者减少的强度是一致的，并且与该时间段内总的食物消费模式变化强度 TS_t 相等，即 $IS_{tj} = OS_{ti} = TS_t$；如果某一食物消费模式的总转入强度大于该时期食物消费模式变化强度 TS_t，则表明该食物消费模式的增加是活跃的，否则为惰性增长；如果某一食物消费模式的总转出强度大于该时期食物消费模式变化强度 TS_t，则表明该食物消费模式的减少是活跃的，否则为惰性减少。如果某一食物消费模式在连续的时间段内均表现出活跃的增长（减少）或惰性的增长（减少），则说明该食物消费模式在整个时期内为稳定性增长或减少。

（3）食物消费模式转换层次变化强度。食物消费模式转换层次变化强度反映了不同食物消费模式相互转变的变化强度在不同时间段内的变化情况。公式如下：

$$I_{tix} = \frac{N_{tix}/(Y_{t+1} - Y_t)}{\sum\limits_{j=1}^{n} N_{tij}} \times 100\% \qquad (5-12)$$

$$I_{tx} = \frac{\left[\left(\sum\limits_{i=1}^{n} N_{tix}\right) - N_{txx}\right] / (Y_{t+1} - Y_t)}{\sum\limits_{j=1}^{n} \left[\left(\sum\limits_{i=1}^{n} N_{tij}\right) - C_{txj}\right]} \times 100\% \qquad (5-13)$$

式（5-12）和式（5-13）中，I_{tix} 为时间间隔 [t, t+1] 内食物消费模式 i 向食物消费模式 x 转入强度，I_{tx} 为时间间隔 [t, t+1] 内期末食物消费模式 x 的平均转入强度，x 为转入的食物消费模式的编号，其他符号同上。如果 $I_{tix} = I_{tx}$，即食物消费模式 x 依据期初的食物消费模式 i 的数量以相同比例从模式 i 获取转入数量，则期末食物消费模式 x 从模式 i 转入强度 I_{tix} 与模式 x 平均转入强度 I_{tx} 一致，表明模式 x 从期初不同模式 i 转入的过程是随机的、均匀的，也就是说模式 x 从期初模式 i 转入的数量主要与模式 i 的期初数量有关，与其他因素关系较小。如果 $I_{tix} > I_{tx}$，即食物消费模式 x 主要由食物消费模式 i 转入，否则食物消费模式 x 避免由模式 i 转入。如果食物消费模式 x 在连续的时间段内均表现出倾向由食物消费模式 i 转入或者避免由模式 i 转入，则说明该食物消费模式 x 由食物消费模式 i 转入具有稳定性，是一种稳定性的食物消费转入模式。

式（5-14）和式（5-15）中，O_{tyj} 为时间间隔［t，t+1］内食物消费模式 y 向食物消费模式 j 转出强度，O_{ty} 为时间间隔［t，t+1］内期末食物消费模式 y 的平均转出强度，y 为转出的食物消费模式的编号，其他符号同上。如果 $O_{tyj} = O_{ty}$，即食物消费模式 y 依据期末的食物消费模式 j 的数量以相同比例转出为模式 j，则期初食物消费模式 y 从模式 j 转出强度 O_{tyj} 与模式 y 平均转出强度 O_{ty} 一致，表明模式 y 转变为模式 j 是随机的、均匀的，也就是说模式 y 转出为模式 j 的数量主要与模式 j 的期末数量有关，与其他因素关系较小。如果 $O_{tyj} > O_{ty}$，即食物消费模式 y 主要向食物消费模式 j 转出，否则食物消费模式 y 避免向模式 j 转出。如果食物消费模式 y 在连续的时间段内均表现出主要向食物消费模式 j 转出或者避免向模式 j 转出，则说明该食物消费模式 y 向模式 j 转出具有稳定性，是一种稳定性的食物消费转出模式。

$$O_{tyj} = \frac{N_{tyj}/(Y_{t+1} - Y_t)}{\sum_{i=1}^{n} N_{tij}} \times 100\% \qquad (5-14)$$

$$O_{ty} = \frac{\left[\left(\sum_{j=1}^{n} N_{tyj}\right) - N_{tyy}\right]/(Y_{t+1} - Y_t)}{\sum_{i=1}^{n}\left[\left(\sum_{i=1}^{n} N_{tij}\right) - N_{tiy}\right]} \times 100\% \qquad (5-15)$$

2. 家庭食物消费模式演变趋势分析

从食物消费模式转移矩阵（见表5-5）可以看出，1997~2011年，6个食物消费模式呈"三升三降"的趋势。具体而言，模式1、模式3、模式6出现下降趋势，由1997年所占比重的16.65%、41.06%、11.10%分别减少到2011年的7.58%、22.38%、4.14%；

模式 2、模式 4、模式 5 由 1997 年占比为 6.17%、11.81%、13.22%分别上升到 2011 年的15.24%、32.95%、17.71%。从食物消费模式转移变化可以看出，模式 3 的转出量是最大的，其次是模式 1，其中模式 3 主要转化为模式 4 和模式 2；模式 1 主要转化为模式 4 和模式 3。模式 4 和模式 2 均有较大的转入量，均主要由模式 3 转入。可见，家庭食物消费模式由模式 3 向模式 4 和模式 2 转型，即由中等热量的南方传统型消费模式向低脂低热量的主流型消费模式和高热量的均衡型消费模式转变。这是因为随着居民生活水平的提高，人们对饮食的需要不再是解决个人温饱问题，更多的是注重饮食质量。一方面，在食物消费热量较低时，低脂低热量的食物消费模式更能满足现代人对食物的需求；另一方面，在食物消费热量达到一定程度时，膳食结构多样性成为人们的首要选择。

表 5-5　1997~2011 年食物消费模式转移矩阵

| | | 2011 年 | | | | | | | |
		模式 1	模式 2	模式 3	模式 4	模式 5	模式 6	总计	转出量
1997 年	模式 1	28	29	56	71	4	1	189	161
	模式 2	0	13	8	34	10	5	70	57
	模式 3	44	68	160	174	19	1	466	306
	模式 4	9	31	27	51	13	3	134	83
	模式 5	2	22	2	28	85	11	150	65
	模式 6	3	10	1	16	70	26	126	100
	总计	86	173	254	374	201	47	1135	772
	转入量	58	160	94	323	116	21	772	—

3. 家庭食物消费模式演变特征分析

本节将 1997~2011 年划分为两个阶段，第一阶段 1997~2004

年和第二阶段 2005~2011 年，分别计算两个时间段内食物消费模式间隔层次变化强度、类别层次变化强度、转换层次变化强度。图 5-3 给出了两个阶段食物消费模式间隔层次变化强度，柱状图表示 1997~2004 年和 2005~2011 年的食物消费模式变化强度 TS_t，虚线表示整个时期食物消费模式平均变化强度 TU。从图中可知，虽然 1997~2011 年食物消费模式变化强度发生了轻微增加，增幅为 5.11%，但是 1997~2004 年属于慢速变化，而 2005~2011 年属于快速变化阶段。

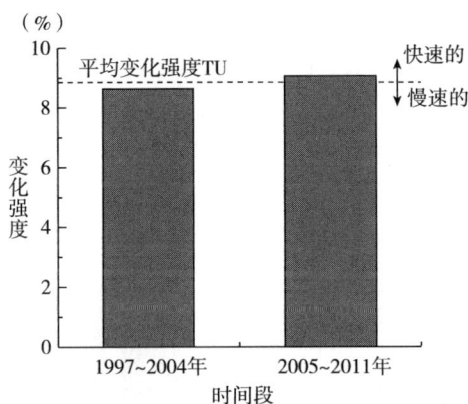

图 5-3　中国家庭食物消费模式时间间隔变化强度

图 5-4 为两个阶段食物消费模式类别层次变化强度图，图 5-4（a）表示 1997~2004 年不同食物消费模式转入和转出的变化强度，虚线为 1997~2004 年食物消费模式平均变化强度 TS_t = 8.62%；图 5-4（b）表示 2005~2011 年不同食物消费模式转入和转出的变化强度，虚线为 2005~2011 年食物消费模式平均变化强度 TS_t = 9.06%。从中可知，1997~2004 年模式 1、模式 2、模

式 4 的增长是活跃的，模式 3、模式 5、模式 6 是惰性增长；模式 1、模式 2、模式 4 和模式 6 的减少是活跃的，模式 3 和模式 5 属于惰性减少。2005～2011 年模式 1、模式 2、模式 4 和模式 6 的增长是活跃的，模式 3 和模式 5 是惰性增长；模式 1、模式 2 和模式 6 的减少是活跃的，模式 3、模式 4、模式 5 属于惰性减少。在整个时期内，模式 6 的转入变化强度从 1997～2004 年的 5.26% 增加到 2005～2011 年的 9.73%，模式 4 的转出变化强度从 1997～2004 年的 11.08% 下降到 2005～2011 年的 7.53%，而模式 6 的转出变化强度发生了显著的提高，增幅为 29.66%。其中模式 1、模式 2、模式 3、模式 4、模式 5 均表现为稳定的增长，模式 1、模式 2、模式 3、模式 5 和模式 6 均表现为稳定的减少。

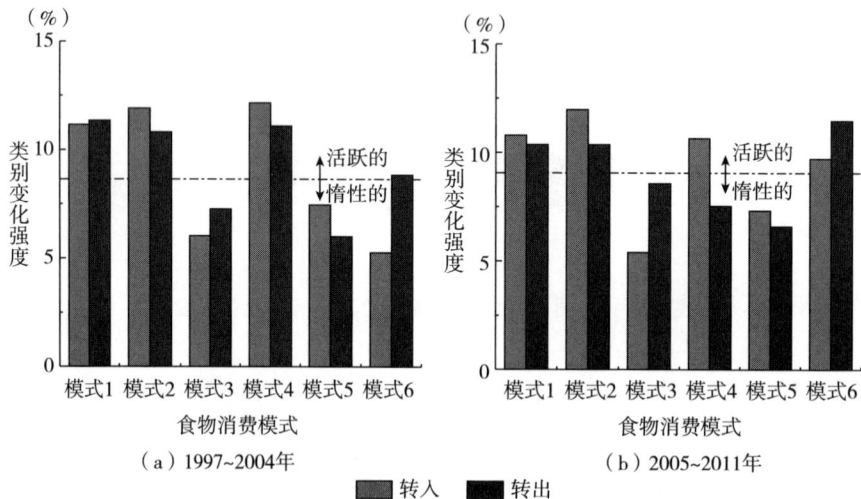

图 5-4　中国家庭食物消费模式类别变化强度

本节依据杨建新等（2019）提出的土地交换模式交叉列联表，设计了家庭食物消费模式转换机制交叉列联表（见图 5-5），比较直观地反映了食物消费模式间转换变化的系统性和稳定性。

转入食物消费模式

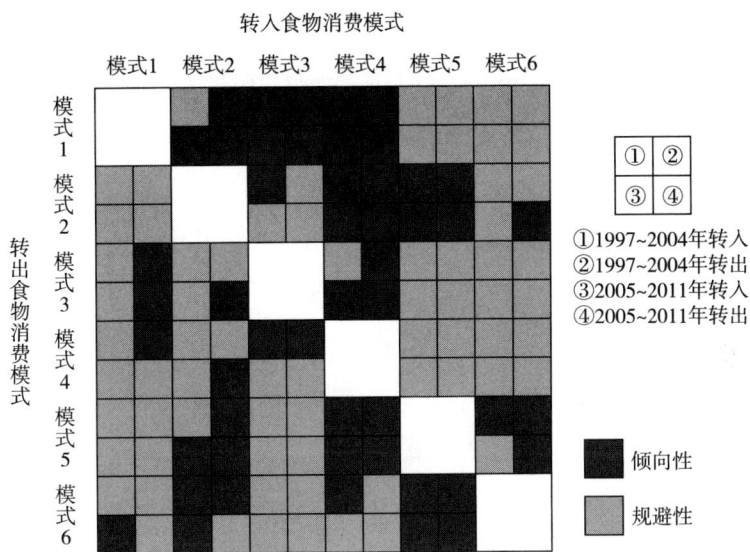

图5-5 中国家庭食物消费模式转换机制交叉列联表

图5-5中每两个模式的转换关系由4个单元格组成，单元格①表示1997～2004年模式 j 是否倾向于从模式 i 转入，单元格②表示1997～2004年模式 i 是否倾向于转变为模式 j，单元格③表示2005～2011年模式 j 是否倾向于从模式 i 转入，单元格④表示2005～2011年模式 i 是否倾向于转变为模式 j。如果单元格①和单元格②（或单元格③和单元格④）内颜色相同，则表示在该时间段内模式 i 转化为模式 j 具有倾向性或规避性（系统性），即期初食物消费模式 i 主要（避免）向期末模式 j 转变，同时期末模式 j 也主要（避免）从期初模式 i 转入；如果单元格①和单元格③（或单元格②和单元格④）内颜色相同，则表示在这两个时间段内，模式 i 均表现为倾向或避免向模式 j 转变，也就是说模

式 i 向模式 j 的转变过程在时序上具有稳定性；如果单元格①、单元格②、单元格③、单元格④内颜色均相同，则表示在模式 i 向模式 j 的转变是稳定性的系统转变模式，也就是说模式 i 向模式 j 的转变过程在连续的时间段内表现出相同的系统性（倾向性或规避性）转换模式，而稳定性的系统转变模式受到自然或人为因素影响较大。

从图 5-5 可知，食物消费模式间的转变出现多样化的变化模式。具体而言，模式 1—模式 3、模式 1—模式 4、模式 2—模式 4、模式 2—模式 5、模式 5—模式 4、模式 6—模式 5 等转变过程是具有稳定性的倾向型转变模式；模式 1—模式 5、模式 1—模式 6、模式 2—模式 1、模式 3—模式 5、模式 3—模式 6、模式 4—模式 5、模式 4—模式 6、模式 5—模式 1、模式 5—模式 3、模式 6—模式 3 等转变过程是具有稳定性的规避型转变模式；模式 1—模式 2、模式 2—模式 3、模式 2—模式 6、模式 3—模式 2、模式 3—模式 4、模式 4—模式 2、模式 5—模式 2、模式 5—模式 6、模式 6—模式 1、模式 6—模式 2、模式 6—模式 4 等在转入（或转出）过程具有稳定性及在 1997~2004 年（或 2005~2011 年）具有系统性；模式 3—模式 1 的转变过程具有稳定性，但不具有系统性；而模式 4—模式 3 转变过程具有系统性，但不具有稳定性。对比转移矩阵（见表 5-5）发现，模式 3—模式 4、模式 3—模式 2、模式 6—模式 5、模式 5—模式 4 等转移的数量均较多，但模式 3—模式 4、模式 3—模式 2 均未表现出稳定性的系统转变模式。可见，转移数量较大的食物转换模式并不一定是稳定性的系统转变模式。

（三）家庭食物消费模式对比分析

本节将对城乡食物消费模式、不同收入层次的食物消费模式及不同家庭规模的食物消费模式进行对比分析，以不同视角来探究食物消费模式的差异及对比分析。

1. 城乡食物消费模式

长期以来，多数学者认为，由于城乡二元体制的存在等原因，我国城乡居民的食物消费结构存在巨大差异。然而，近年来，随着市场化、城镇化进程的推进，城乡居民的食物消费结构正在发生了变化，准确把握我国城乡居民食物消费的历史演变和未来的发展趋势，对于完善消费理论，制定科学有效的食物安全策略、合理调整农业产业结构、有针对性地进行农业供给侧改革等，有着十分重要的理论和现实指导意义（张亚鑫，2017）。

城乡家庭食物消费模式占比如图 5-6 所示，城市家庭食物消费模式占比最大的为模式 4，达 30.91%，其次是模式 2，为 21.18%；乡村家庭食物消费模式占比最大的为模式 3，达 29.37%，其次是模式 4，为 24.56%。此外，城市与乡村家庭的食物消费模式 5 的比重相当。城市家庭食物消费模式 1 和模式 6 所占比重均低于乡村家庭，并且城市家庭模式 2 消费占比远大于乡村家庭。这表明相对于乡村家庭，城市家庭食物消费向低脂低热量的主流型食物消费转变发展更快速，同时增加了对高热量的均衡型膳食的需求。也就是说，城市家庭提高对果类、蛋奶类、零食类和饮料类的消费量，食物消费种类趋于多样化。

2. 不同收入层次的食物消费模式

目前，收入层次的划分标准有绝对标准和相对标准。由于相

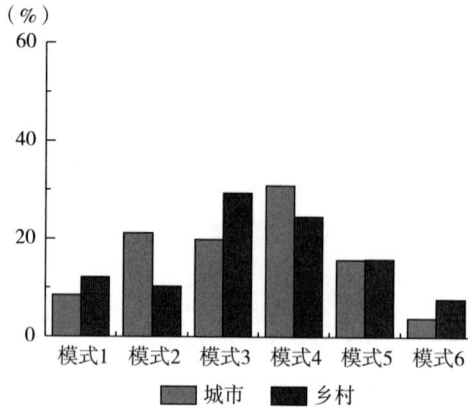

图 5-6　城乡家庭食物消费模式占比

对标准弥补了绝对标准未充分考虑收入分配结构变动的缺点，因此采用相对标准划分收入层次。依据李培林和朱迪（2015）的相对标准方法将不同收入的家庭划分为低收入家庭、中低收入家庭、中等收入家庭、中高收入家庭、高收入家庭。本书以家庭纯收入表征家庭收入水平，数据来源于 CHNS 数据库。其中，由于部分家庭的家庭纯收入数据未调查，将其剔除，得到样本数为 1997 年 3047 个、2000 年 3626 个、2004 年 3972 个、2006 年 4147 个、2009 年 4192 个、2011 年 5025 个。按照表 5-6 的划分标准，得出不同年份不同收入层次的取值范围，将 CHNS 所涉及的全部家庭按不同收入层次的取值范围进行划分。

表 5-6　收入层次划分标准

	下限	上限
低收入家庭	—	中值-（全距/20）×9
中低收入家庭	中值-（全距/20）×9	中值-（全距/20）×5
中等收入家庭	中值-（全距/20）×5	中值+（全距/20）×5

	下限	上限
中高收入家庭	中值+（全距/20）×5	中值+（全距/20）×9
高收入家庭	中值+（全距/20）×9	—

注：中值=（家庭收入最高水平+家庭收入最低水平）/2；全距=家庭收入最高水平-家庭收入最低水平；家庭收入最高水平=家庭收入最高的（占总体的10%）平均收入；家庭收入最低水平=家庭收入最低的（占总体的10%）平均收入。

从图5-7可知，模式1在各个收入层次占比较小，均在10%左右，并且随着收入的增加，所占比重有轻微增加。模式3基本保持不变，模式2随着收入水平的提高而增加，模式4、模式5、模式6随着收入水平的提高而减少。其中，模式4在各个收入层次家庭的占比均在23%以上，模式2由低收入家庭所占比重的7.38%提高到高收入家庭的24.41%。可见，随着收入水平的提高，中国居民向饮食均衡和食物多样性的膳食结构转变。此外，模式1、模式2和模式6均属于高热量及以上的消费模式，3个消费模式占比随着收入水平的提高而增加，由低收入家庭占比23.77%提高到高收入家庭的41.01%，说明随着收入水平的提高，家庭膳食从低热量膳食结构向高热量膳食结构转变。

3. 不同家庭规模的食物消费模式

根据家庭成员数目划分家庭规模，主要有1人组、2人组、3人组、4人组、5人组、6人及以上组。从图5-8可知，随着家庭人数的增加，模式1、模式3、模式6呈上升趋势，模式2呈先上升后下降趋势，模式4呈下降趋势，模式5基本保持不变。其中，模式1、模式2和模式6均属于高热量及以上的消费模式，3个消费模式占比随着家庭规模的扩大而提高，由1人组家庭占比21.75%提高到6人及以上组的30.09%；而模式4属于低热量膳

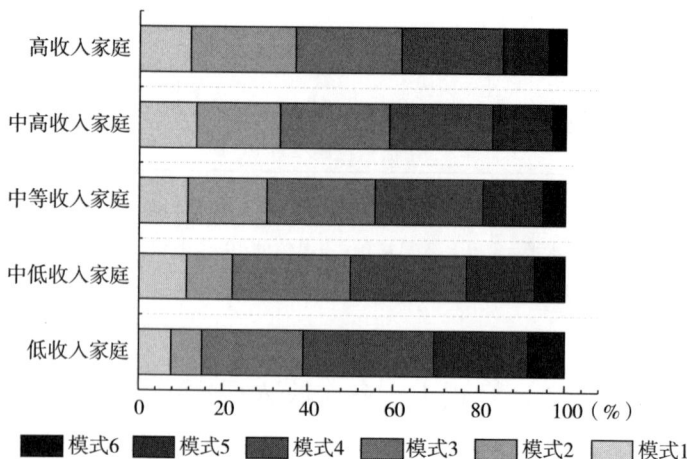

图 5-7　不同收入家庭食物消费模式占比

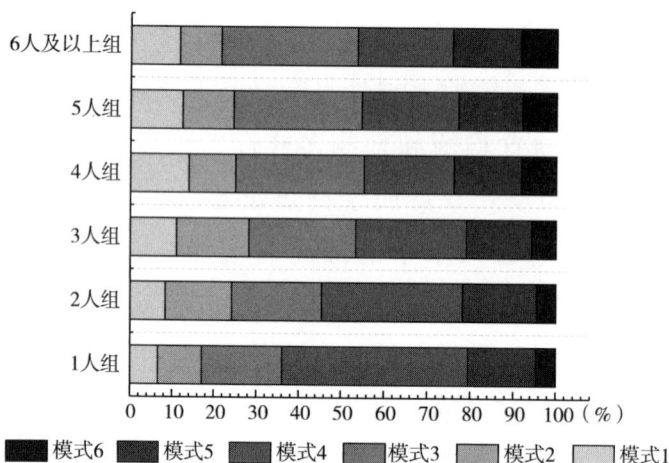

图 5-8　不同家庭规模食物消费模式占比

食饮食，由 1 人组家庭占比 43.43% 减少到 6 人及以上组的 22.00%。可见，随着家庭规模的扩大，家庭膳食从低热量膳食结构向高热量膳食结构转变。从各模式占比看，1 人组食物消费主要以模式 4 为主，占比为 43.43%，说明大部分单身家庭追求低脂低热量的膳食结构；2 人组和 3 人组食物消费相对于单人家庭来说，较为明显的是减少了以模式 4 为主的消费结构，增加了模式 1 和模式 2 的消费结构，并且模式 2 膳食结构的占比在 6 个模式中最大，说明 2 人组和 3 人组不仅提高了对热量的需求，而且追求饮食均衡和多样化；4 人组、5 人组、6 人及以上组的各模式占比相当，模式 2 和模式 4 总占比均在 27% 左右，说明 4 人及以上规模家庭的饮食结构以传统型消费模式为主。

总体上看，家庭食物消费模式由中等热量的南方传统型消费模式向低脂低热量的主流型消费模式和高热量的均衡型食物消费模式转变。通过食物消费模式变化强度分析得出 1997~2004 年食物消费模式变化属于慢速变化，而 2005~2011 年属于快速变化阶段；模式 1、模式 2、模式 3、模式 4、模式 5 均表现为稳定的增长，模式 1、模式 2、模式 3、模式 5 和模式 6 均表现为稳定的减少；食物消费模式间的转变出现多样化的变化模式，大部分的食物消费模式属于稳定性的系统转变模式，但是转移数量较大的食物转换模式并不一定是稳定性的系统转变模式。

通过影响因素对比分析发现，相对于乡村家庭，城市家庭食物消费向低脂低热量的主流型食物消费转变发展更快速，同时增加了对高热量的均衡型膳食的需求。随着收入水平的提高，一方面，中国居民不再一味地追求低脂低热量的食物消费模式，向饮食均衡和食物多样性的膳食结构转变；另一方面，家庭膳食从低热量膳食结构向高热量膳食结构转变。随着家庭规模的增加，家庭膳食从低热量膳食结构向高热量膳食结构转变。不同家庭规模膳食结构差异明显，1 人组家庭追求低脂低热量的膳食结构；2 人组和 3 人组不仅提高了对热量的需求，而且追求饮食均衡和多样化；4 人及以上规模家庭的饮食结构以传统型消费模式为主。

第六章

我国食物消费环境效应研究

一、宏观视角下居民食物消费环境效应研究

本节通过生态足迹、碳足迹和水足迹，分析不同时期食物消费带来的环境资源效应，以期较全面、规范地识别食物消费模式的可持续性，对可持续食物消费模式的构建尤其是可持续食物消费模式约束条件的构建具有重要的指导意义。

（一）数据来源

联合国粮食及农业组织（FAO），简称粮农组织，于 1945 年 10 月 16 日正式成立，是联合国系统内最早的常设专门机构，是各成员国间讨论粮食和农业问题的国际组织。其宗旨是提高人们的营养水平和生活标准，改进农产品的生产和分配，改善农村和农民的经济状况，促进世界经济的发展并保证人类免于饥饿。本

书关于食物消费量、食物消费能量三大营养素、耕地面积、林地面积、水资源量等数据来源于粮农组织 1961~2013 年数据，研究中用到的其他数据的来源如表 6-1 所示。

表 6-1 数据来源

项目	数据来源
食物营养含量	《中国城乡居民食物消费与营养发展研究》（李哲敏，2007）
食物营养素推荐量	《中国家庭食物消费的碳—水—生态足迹及气候变化减缓策略优化研究》（李明净，2016）
全球平均产量	http://www.factfish.com/zh
均衡因子及产量因子	WWF 发布《地球生命力报告 2008》（*Living Planet Report* 2008）
食物足迹系数	《中国主要农产品生产的生态足迹研究》（曹淑艳和谢高地，2014） 《近 30 年来中国农村居民食物消费的生态足迹分析》（陈冬冬和高旺盛，2010） 《城镇居民食物消费的生态足迹及生态文明程度评价》（曹淑艳和谢高地，2016）
综合碳折算系数	《居民食品消费碳排放测算及其因素分解研究》（安玉发等，2014）

（二）指标选取

食物消费环境效应足迹测算指标如表 6-2 所示，包括农业、林业、畜牧业、渔业等 8 大类 81 种食物核算指标。指标数据根据粮农组织（FAO）统计数据库得到。

表 6-2 食物环境效应足迹测算指标

环境效应账户	核算指标	土地利用类型
食物足迹	谷物类：小麦、大米、大麦、玉米、黑麦、燕麦、小米、高粱、其他谷物	耕地
	植物油类：大豆油、花生油、葵花籽油、菜籽油、棉籽油、棕仁油、棕油、椰子油、芝麻油、米糠油、玉米胚芽油、橄榄油、其他油料作物油	耕地

环境效应账户	核算指标	土地利用类型
食物足迹	肉禽蛋奶类：牛肉、羊肉、猪肉、禽肉、其他肉类、鸡蛋、牛奶	耕地、草地
	水果类：橘子、柠檬、柚子、柑橘、香蕉、枣子、葡萄、苹果、菠萝、其他水果	耕地、林地
	蔬菜类：西红柿、洋葱、胡椒、辣椒、西班牙甜椒、大豆、蚕豆、豌豆、其他蔬菜、其他豆类	耕地
	水产品类：淡水鱼、底层鱼类、海鱼、海洋鱼、甲壳类、头足类、软体类、水产动物、水产植物	水域
	薯类：土豆、木薯、红薯、根茎类	—
	其他类：葡萄酒、啤酒、发酵饮料、含酒饮料、咖啡、可可豆、茶、甘蔗、甜菜、食糖、蜂蜜、椰子、黑芝麻、橄榄、花生、瓜子、坚果、其他油料作物、调味料	耕地、草地

（三）基于生态足迹的食物消费环境效应分析

1. 生态足迹模型

食物消费生态足迹包括直接的食物消费和通过消费产品和服务所引起的间接能源消耗。食物消费量可以通过能源密度折算为制造、加工、运输过程所消耗的化石能源量，再折算成吸收碳所需的林地面积。结合相关学者的研究成果（Wackernagel，1997；黄宝荣等，2016；曹淑艳和谢高地，2016），参照国家生态足迹账户计算方法（2010年版）、《地球生命力报告·中国2015》，食物消费生态足迹计算公式为：

$$EF_{FC} = \sum_i C_{K,J} \times EFI_{i,j} = \sum_i \frac{C_{k,j}}{Y_{k,j}} \times y_i \times r_i = r_i \sum_i \frac{C_{k,j}}{Y_{K,J}}$$

$$(6-1)$$

$$EFI_{i,j} = \sum_i \frac{1}{Y_{K,j}} \times r_i$$

$$(6-2)$$

$$ef = \frac{EF_{FC}}{N} \qquad\qquad (6-3)$$

$$EC = 0.88 \sum_i a_i y_i r_i \qquad\qquad (6-4)$$

$$ED(ES) = EF_{FC} - EC \qquad\qquad (6-5)$$

式中，EF_{FC} 为全国食物消费总生态足迹（公顷）；i 为第 i 种土地资源类型（如耕地、草地、水域、林地）；$C_{k,j}$ 为第 k 年第 j 种食物消费量（千克）；$EFI_{i,j}$ 为第 i 种土地类型第 j 种食物的足迹系数（公顷/年）；$Y_{k,j}$ 为全国第 k 年第 j 种生物产品的平均产量；$Y_{K,j}$ 为第 k 年第 j 种生物产品的全球平均生产力（千克/公顷）；y_i 为第 i 类土地资源的产量因子；r_i 为第 i 种土地资源的均衡因子；a_i 为第 i 种生产性土地面积；ef 为人均食物消费生态足迹；EC 为生态承载力，ED 为生态赤字；ES 为生态盈余。

根据式（6-1）～式（6-5），确定相应的计算参数。从 FAO 数据库中整理出相应的数据，然后根据 1978～2013 年的各种生物性资源的全球产量和全球种植面积计算出每年的全球平均产量。其中，食用植物油的全球平均产量均按照油料作物的全球平均产量求得，水产品和肉类食物的生态足迹按照足迹系数来计算。

2. 生态承载级别系统

按照 FAO 的定义，可持续食物消费模式在保证人类食物、营养安全及健康生活的同时具有低环境压力的特性。食物消费的生态足迹反映的是人类维持一定的消费水平对自然资本的占用和对自然环境产生的影响和压力，若将与其相同的区域范围所提供的生物生产面积或生态环境空间进行比较，可作为判断该区域的食物消费是否处于可承载范围的依据。为了客观合理地评价中国食物生产资源利用的可持续性，参考曹淑艳和谢高地（2016）的

DEC 系统，将食物消费的生态需求合理性和食物消费影响的生态可承载力作为评价准则（见表 6-3），当生态承载级别较高时，认为对应的食物消费模式具有可持续性。

表 6-3　食物消费生态可承载的五级衡量表

生态承载级别	高	较高	中等	较低	低
属性	理性 生态可承载	非理性 生态可承载	非理性 可承载的超载	非理性 较严重超载	非理性 严重超载
判断准则	$EF_B \leqslant RF$ 且 $EF_B \leqslant EC_B$	$RF \leqslant EF_{FC} \leqslant EC$	$EC \leqslant EF_{FC} \leqslant 1.1EC$ 或 $EF_{FC} \leqslant B$	$B \leqslant EF_{FC} \leqslant 1.1B$	$1.25B \leqslant EF_{FC}$

注：EF_{FC} 为食物消费的生态足迹；EF_B 为食物消费的可更新生态足迹（包括耕地、草地和水域生态足迹）；RF 为均衡膳食的生态承载力；EC 为食物消费的生态承载力；EC_B 为人均可更新生态承载力；B 为全国人均生态用地生物承载力。生态承载级别"高"作为可持续食物消费的优化的终极目标，"较高"作为可持续食物消费优化的近期目标。

从均衡营养摄入的角度，在考虑满足营养摄入需求的基础上，由于中国膳食协会均衡膳食图谱推荐量的生态足迹为 0.3418~0.5401 公顷，其上限小于生态承载力；同时，为了更好地体现食物消费生态承载级别的演变特征，以均衡膳食生态需求的上限作为理性生态可承载基准。将食物消费的生态承载力分为食物生产性空间承载力（EC）和全国人均生态用地承载力（B），全国人均生态用地承载力为 0.83~0.88 公顷。

3. 食物消费结构的生态足迹分析

根据 FAO 统计数据库的中国食物消费项目，本书将中国食物消费分为 8 大类（见表 6-4），各年食物消费人均生态足迹模型测算结果如表 6-4 所示，从中可以看出，中国食物消费生态足迹表现出逐年增加的趋势，年均增长率达 14.35%。从食物消费结构对生态足迹的贡献率看，贡献率最高的是肉禽蛋奶类消费，达

38.84%，其次是谷物类食物达 19.67%；植物油、水果类、蔬菜类、水产品和薯类分别占 6.23%、4.84%、10.53%、9.71% 和 2.61%。

表 6-4　食物消费人均生态足迹变化趋势　　　　　单位：公顷/人

年份	谷物类	植物油类	肉禽蛋奶类	水果类	蔬菜类	水产品类	薯类	其他类	合计
1978	0.1216	0.0127	0.0359	0.0023	0.0254	0.0093	0.0263	0.0111	0.2445
1983	0.1457	0.0205	0.0506	0.0030	0.0256	0.0096	0.0200	0.0160	0.2909
1988	0.1393	0.0245	0.0747	0.0047	0.0291	0.0157	0.0142	0.0228	0.3252
1993	0.1393	0.0300	0.1049	0.0077	0.0322	0.0246	0.0159	0.0232	0.3779
1998	0.1372	0.0329	0.1502	0.0123	0.0403	0.0380	0.0170	0.0294	0.4573
2003	0.1269	0.0375	0.1814	0.0166	0.0526	0.0440	0.0183	0.0296	0.5069
2008	0.1227	0.0400	0.2147	0.0220	0.0596	0.0516	0.0163	0.0393	0.5662
2013	0.1224	0.0387	0.2416	0.0301	0.0655	0.0604	0.0162	0.0471	0.6221

从食物消费生态足迹结构的变化趋势看：①肉禽蛋奶类食物的消费，人均生态足迹由 1978 年的 0.0359 公顷增加到 2013 年的 0.2416 公顷，增幅达 573.73%；②谷物类食物生态足迹波动相对平稳，2013 年与 1978 年相比增加了 0.66%；③虽然水果类、水产品类对生态足迹贡献率小，但与 1978 年比较，增幅分别达 1236.16% 和 547.08%；④薯类的生态足迹与 1978 年相比下降了 38.34%。

4. 食物消费生态压力分析

通过生态足迹和生态承载力模型的测算（见图 6-1），由图 6-1（a）可知，1978～2013 年，中国居民食物消费人均生态足迹增长了 154.49%，2013 年达 0.6221 公顷。其中，耕地生态足迹的比重总体呈下降趋势，2013 年为 60.51%，林地生态足迹基本保持在 20% 左右，草地和水域足迹比重逐年增加，2013 年分别为 13.10% 和 5.77%。

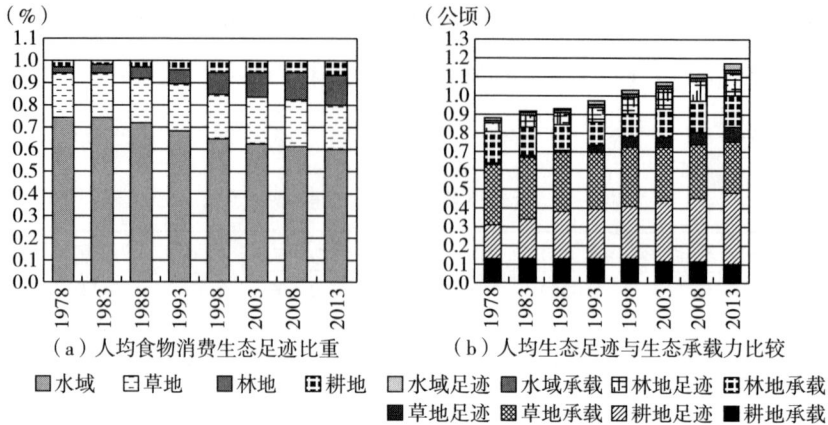

图 6-1　1978~2013 年不同土地类型生态足迹
比重与生态承载力变化趋势

由图 6-1（b）可知，中国居民食物消费于 2008 年开始出现
生态赤字，2013 年人均生态赤字值为 0.0705 公顷。其中，耕地
自 1978 年起就处于生态赤字状况，且生态赤字逐步增加，2013
年人均生态赤字达 0.2664 公顷；水域在 1993 年出现生态赤字，
2013 年人均生态赤字为 0.0213 公顷；草地和林地的食物消费生
态压力也逐年加剧，虽处于生态盈余状态，但却由 1978 年的
0.3168 公顷和 0.1193 公顷分别减少到 2013 年的 0.1940 公顷和
0.0232 公顷。上述结果表明，中国食物消费对食物生产性资源的
占用已经远远大于食物生产性资源所能提供的承载力，食物消费
的生态环境压力越来越大，中国食物生产性资源的生态可持续面
临巨大的挑战。

根据测算结果，就食物消费承载级别而言，1978~2003 年中
国居民食物消费生态影响的演变趋势具有理性与生态可承载的特
征，生态承载级别较高；2003 年人均可更新生态足迹为 0.4027

公顷，小于均衡膳食的人均生态承载力 0.5401 公顷，且小于人均可更新生态承载力 0.4261 公顷；2004~2007 年中国居民食物消费生态影响的演变趋势具有非理性与生态可承载的特征，生态承载级别较高，2007 年人均食物消费生态足迹为 0.5638 公顷，大于均衡膳食的生态承载力，小于 2007 年的人均食物生态承载力 0.5641 公顷；2008~2013 年中国居民食物消费生态影响的演变趋势具有非理性与可承载超载的特征，生态承载级别为中等，2008 年后人均食物生态足迹小于全国人均生态用地承载力。总体来说，中国居民食物消费生态环境影响的演化趋势是由理性的可承载向非理性的超载方向演变，中国居民食物消费对环境的压力越来越大。

（四）基于碳足迹的食物消费环境效应分析

1. 碳足迹模型

《地球生命力报告·中国 2015》显示，碳足迹是中国生态足迹中规模最大、增长最快的部分，同时碳足迹依然是驱动中国及各省份生态足迹增长的主要足迹组成部分。为此，本节将重点讨论食物消费碳足迹的演变趋势与环境效应。

$$C = EF_C = r \sum_{i=1}^{n} Q_i \times TF_i \times C \qquad (6-6)$$

式中，EF_C 为碳足迹（公顷）；r 为化石能源均衡因子；i 为第 i 种食物消费类型；Q_i 为食物消费量（吨）；TF_i 为能源密度（吉焦/吨或兆焦/千克）；C 为化石能源的吸收因子（公顷/吉焦或平方米/兆焦），式（6-6）中参数取值来源于陈冬冬和高旺盛的研究（2010）。

食物消费碳足迹反映了食物消费对自然生态系统的碳中和服

务功能的需要（蓝字程等，2012），而在所有碳中和功能服务中，森林和草地是主要的系统，因而将森林和草地的面积作为食物消费的净碳足迹，其计算公式如下：

$$D = \frac{A}{C} \tag{6-7}$$

式中，D 为某一区域的净碳足迹指数；A 为区域碳中和功能服务面积（公顷）。当 D>1 时，表示碳承载力盈余，说明该地区为碳汇；当 D<1 时，表示碳足迹承载力赤字，表明该地区为碳源；当 D=1 时，表示碳平衡。

2. 食物消费结构的碳足迹分析

通过上述碳足迹模型，中国食物消费人均碳足迹测算结果如表 6-5 所示。从中可以看出，中国食物消费人均碳足迹表现出逐年增长的趋势，1978～2013 年，年均增长率为 6.95%。

表 6-5 食物消费人均碳足迹变化趋势　　　单位：公顷

年份	谷物	植物油	肉禽蛋奶	水果	蔬菜	水产品	薯	其他	合计
1978	0.0267	0.0020	0.0103	0.0025	0.0153	0.0019	0.0088	0.0039	0.0714
1983	0.0317	0.0033	0.0144	0.0034	0.0191	0.0019	0.0067	0.0058	0.0862
1988	0.0301	0.0039	0.0209	0.0053	0.0275	0.0032	0.0047	0.0082	0.1037
1993	0.0298	0.0048	0.0279	0.0086	0.0353	0.0050	0.0053	0.0070	0.1238
1998	0.0297	0.0052	0.0373	0.0138	0.0494	0.0077	0.0057	0.0096	0.1585
2003	0.0278	0.0060	0.0444	0.0187	0.0732	0.0089	0.0061	0.0087	0.1938
2008	0.0270	0.0064	0.0528	0.0248	0.0850	0.0105	0.0054	0.0102	0.2221
2013	0.0270	0.0062	0.0593	0.0339	0.0946	0.0123	0.0054	0.0114	0.2500

从食物消费结构对碳足迹的贡献来看，首先，谷物类的碳足迹变化不大，肉禽蛋奶类的碳足迹逐年增加，年均增长率高达 12.61%；总体而言，谷物类对碳足迹的贡献度由 1978 年的 38.86%下降到 2013 年的 14.78%，而肉禽蛋奶类对碳足迹的贡

献度由 1978 年的 20.33% 增长到 2013 年的 42.56%。其次，到 2013 年，植物油、水果、蔬菜、水产品的碳足迹比重也有所增加，分别占 4.81%、6.60%、8.63% 和 9.55%，而薯类食物的碳足迹比重则由 1978 年的 18.07% 下降到了 2013 年的 4.21%。

从食物消费碳足迹结构的变化趋势来看：

（1）肉禽蛋奶类食物的消费，人均碳足迹由 1978 年的 0.0103 公顷增加到 2013 年的 0.0593 公顷，增幅达 453.79%。

（2）谷物类食物碳足迹变化趋势波动相对稳定，2013 年与 1978 年相比增加了 0.64%。

（3）虽然水果、蔬菜、水产品类食物消费对碳足迹贡献度小，但与 1978 年相比，增幅分别达到 1236.16%、321.18% 和 547.08%。

（4）2013 年薯类食物的碳足迹与 1978 年相比下降了 38.34%。

3. 食物消费碳压力分析

由于碳足迹的测算是将食物消费量折算成食物制造、加工、运输过程中所消耗的化石能源量，再折算成吸收二氧化碳所需的林地面积，故而食物消费的碳承载力将用林地面积来表示。

通过将人均碳足迹与碳承载力变化趋势比较（见表 6-6），随着食物消费量的增多，1978~2013 年，中国居民食物消费人均碳足迹增长了 250.03%，而人均碳承载力下降了 30.77%，净碳足迹指数由 3.9418 下降到 0.6253，表明中国食物消费碳压力越来越大。

表 6-6　人均碳足迹与碳承载力变化趋势比较

年份	碳足迹	碳承载力	净碳足迹指数
1978	0.0714	0.2816	3.9418
1983	0.0862	0.2621	3.0420

年份	碳足迹	碳承载力	净碳足迹指数
1988	0.1037	0.2396	2.3097
1993	0.1238	0.2223	1.7962
1998	0.1585	0.2131	1.3447
2003	0.1938	0.2069	1.0680
2008	0.2221	0.2011	0.9052
2013	0.2500	0.1944	0.7775

（五）基于水足迹的食物消费环境效应分析

1. 水足迹模型

水足迹的计算方法主要有两种：一是按照生产树法计算农产品虚拟水含量，然后根据人们对农产品的消费量计算虚拟水消费量；二是按照投入产出法计算农业部门的水资源直接消耗系数、间接消耗系数等，然后根据人们对农产品的消费量计算虚拟水消费。本书选第一种计算方法，并参考 Hoekstra（2003）对公式的设定，具体公式如下：

$$wf = wu + \sum_{i=1}^{n} Q_i(vwf_{igreen} + vwf_{iblue} + vwf_{igray}) \qquad (6-8)$$

式中，wf 为人均水足迹（立方米/人）；wu 为人均直接水足迹（立方米）；Q_i 为第 i 种消费品的人均消费量（吨）；vwf_{igreen}、vwf_{iblue}、vwf_{igray} 分别为第 i 种消费品的绿水、蓝水、灰水的单位虚拟水含量（立方米/年）。

为了更好地测算食物消费的水足迹，仅计算食物消费的虚拟水部分，公式如下：

$$wf = \sum_{i=1}^{n} Q_i(cwf_{igreen} + cwf_{iblue} + cwf_{igray}) \qquad (6-9)$$

式中，cwf_{igreen}、cwf_{iblue}、cwf_{igray} 分别为第 i 种食物的绿水、蓝水、灰水的单位虚拟水含量，其取值来源于 Hoekstra（2003）对中国食物水足迹的研究。

根据 Wackernagel 的生态足迹理论的定义，将水资源承载力用水资源的空间生物生产能力来衡量，即水资源在满足所有消费与服务所承载的相应生物生存面积。对此，首先将水足迹即所消耗的虚拟水转化为相应账户的生产面积——水资源用地面积。公式如下：

$$ef_w = \gamma_w \times wf/P_w \qquad (6-10)$$

式中，ef_w 为人均食物消费水资源足迹（公顷/人）；γ_w 为水资源的全球均衡因子；wf 为人均食物消费水足迹（立方米/人）；P_w 为世界水资源平均生产能力（立方米/公顷）。其中，γ_w 根据 WWF2002 确定的水资源均衡因子 5.19 作为计算值，世界水资源平均生产能力为 3140 立方米/公顷。

构建水资源承载力计算模型，公式如下：

$$EC_w = 0.4\gamma_w \times \varphi_w \times W/P_w \qquad (6-11)$$

式中，EC_w 为水资源承载力（公顷）；γ_w 为水资源的全球均衡因子；φ_w 为区域水资源产量因子；W 为区域人均水资源量（立方米），水资源量为区域内地表水资源和地下水资源量之和再扣除其重复计算量；P_w 为世界水资源平均生产能力（立方米/公顷）。根据学者研究结果，一个国家或地区的水资源开发利用若超过 30%~40%，则可能引起生态环境恶化，所以要求一个国家或地区的水资源承载力中的 60% 用于维持生态环境，水资源承载力的计算要乘以系数 0.4，φ_w 取值 0.94（黄林楠等，2008）。

2. 食物消费结构的水足迹分析

根据 FAO 统计数据库的中国食物消费项目，通过测算，

1978~2013 年中国食物消费年人均水足迹呈现逐年增长的趋势，年均增长率达 12.04%，人均食物消费水足迹由 1978 年的 576.75 立方米增加到 2013 年的 1273.21 立方米，是 1978 年的 2.21 倍。从图 6-2（a）人均食物消费水足迹构成来看，1978~2013 年中国人均食物消费绿水足迹所占的比重最大，年均比重值接近 75%，蓝水和灰水足迹的年均比重值分别为 12.64% 和 12.47%。

从图 6-2（b）人均食物消费结构对水足迹的贡献率来看，总体上中国食物消费水足迹具有谷物类水足迹逐年减少、肉禽蛋奶类和水果类水足迹逐年增加的变化趋势。其中，谷物类水足迹对食物消费水足迹的贡献率由 1978 年的 57.78% 下降到 2013 年的 25.01%；肉禽蛋奶类的贡献率由 1978 年的 14.87% 增加到 2013 年的 42.37%；蔬菜类水足迹贡献率在 8.96%~10.21%。

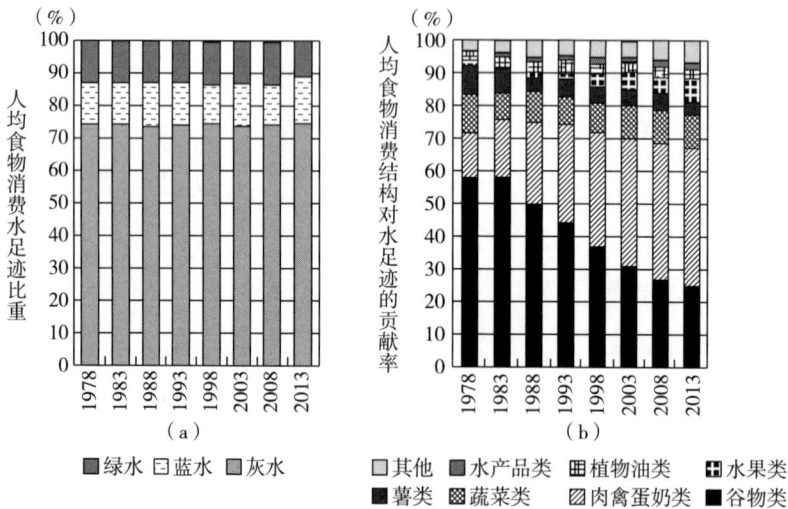

图 6-2　中国食物消费水足迹结构及食物类水足迹比重

3. 食物消费水压力分析

通过水资源承载力模型的测算（见表6-7），1978~2013年中国人均食物消费水足迹增加了120.76%，人均水足迹由1978年的576.8立方米增加到2013年的1273.2立方米，水资源用地由1978年的0.953公顷增加到2013年的2.104公顷；而人均水资源承载力由1978年的1186立方米下降到2013年的819.6立方米，人均水资源承载用地也由1978年1.703公顷减少到了2013年的1.226公顷。1996年中国人均食物消费水足迹出现赤字，赤字值为13.13立方米，到2013年食物消费水足迹赤字值达453.61立方米。

表6-7　1978~2013年中国人均食物消费水足迹与人均水资源承载力

单位：立方米/公顷

年份	1978	1983	1988	1993	1998	2003	2008	2013
承载力	1186.0	1104.0	1104.0	934.8	890.4	864.4	841.6	819.6
	1.703	1.580	1.574	1.409	1.303	1.281	1.242	1.226
水足迹	576.8	673.1	719.2	799.0	943.6	1036.4	1155.4	1273.2
	0.953	1.113	1.189	1.322	1.560	1.713	1.910	2.104
赤字值	608.90	430.51	296.81	134.82	-53.21	-171.99	-313.83	-453.61
	0.750	0.467	0.385	0.087	-0.26	-0.43	-0.67	-0.88

上述结果表明，中国食物消费对食物生产的水资源占用远远大于水资源所提供的承载力，食物消费水足迹呈逐年增加的趋势。

本节对1978~2013年食物消费生态足迹、碳足迹和水足迹的变化趋势和生态环境效应进行了详细的探讨。结果表明，中国食物消费对食物生产性资源的占用已经远远大于食物生产性资源所能提供的承载力，食物消费的生态环境压力越来越大。

二、微观视角下家庭食物消费环境效应研究

本节以中国家庭为研究视角，通过生态足迹、碳足迹、水足迹反映家庭食物消费的土地资源、水资源消耗以及碳排放。基于CHNS数据库和DFEP数据库，量化中国家庭食物消费量以及生态足迹、碳足迹、水足迹系数，测算家庭食物消费和家庭食物消费模式的足迹值，分析不同时期和不同模式下食物消费的环境效应，以期全面分析家庭食物消费对环境造成的影响。

（一）数据来源及方法

1. 食品—环境金字塔模型数据库

本节足迹系数数据来源于食品—环境金字塔模型数据库（Double Food-Environment Pyramid Model，DFEP）。该数据库包含1000多篇有关食物生态足迹、碳足迹、水足迹的生命周期（LCA）英文文献。为了方便查阅与系统边界有关的数据，DFEP数据库已考虑了产品生命周期6个阶段：作物（Crop）、种植过程（Farm Process）、生产过程（Industrial Process）、运输和储藏（Transport and Storage）、消费（Consumption）、废物处置（Final Disposal）。考虑到系统边界的统一性，选取从作物到运输和储藏这一过程，基于系统边界对DFEP数据库进行筛选，获取623篇有关食物生态足迹、碳足迹、水足迹的LCA文献，包含了154种食物。通过收集整理623篇文献的足迹系数，对每种食物的足迹

系数组进行加总求平均得出足迹系数值。其中，对于缺少的食物足迹系数用相近食物或小类食物近似得出。而其他食物类主要包括其他肉类和调味品。由于中国主要的调味品数据缺失，故将其剔除。

2. 家庭食物消费计算方法

CHNS 数据库统计了个人和家庭的食物消费，由于家庭食物消费 2011 年仅统计了食用油和调味品的消费量，为了保证数据口径的一致性，因此依据个人食物消费表中的家庭编号将个人食物消费汇总为家庭食物消费量。其中，个人食物消费量只统计了任意 3 天。

$$FC_{i, k} = \sum_{j=1}^{n} C_{i, j, k} / 3n \tag{6-12}$$

$$EF_{i,k} = FC_{i,k} \times ef_k \tag{6-13}$$

$$CF_{i,k} = FC_{i,k} \times cf_k \tag{6-14}$$

$$WF_{i,k} = FC_{i,k} \times wf_k \tag{6-15}$$

式（6-12）中，$FC_{i,k}$ 为 i 户平均每人每天的食物消费量（千克/人/天），$C_{i,j,k}$ 为 i 户 j 成员 k 食物的总消费量（千克），下标 i、j、k 分别为家庭户、家庭成员、食物品种。式（6-13）、式（6-14）、式（6-15）分别计算了食物消费的生态足迹、碳足迹、水足迹，$EF_{i,k}$、$CF_{i,k}$、$WF_{i,k}$ 分别为 i 户食物每人每天的生态足迹（公顷/人/天）、碳足迹（千克二氧化碳当量/人/天）、水足迹（立方米/人/天），ef_k、cf_k、wf_k 分别为 k 食物的生态足迹系数（公顷/千克）、碳足迹系数（千克二氧化碳当量/千克）、水足迹系数（立方米/千克）。

（二）指标选取

由于中国的生命周期相关研究起步较晚，涉及的食物品种近

2000 种，因而对每种食物的生命周期数据难以获得。但是 Tilman 和 Clark（2014）提出当上千种食物的生命周期评估数据难以获取时，可以综合已有的研究成果，在不确定前提下进行综合研究。鉴于此，食物消费清单如表 6-8 所示。

表 6-8　食物消费清单

食物类别	核算清单
小麦	小麦
稻米	稻米、婴幼儿补充食物
其他谷物	玉米、大麦、小米、其他
根豆类	薯类、淀粉及制品、大豆、绿豆、其他干豆等
蔬菜类	萝卜、鲜豆、茄子、番茄、辣椒、黄瓜、南瓜、洋葱、白菜、菠菜、卷心菜、西蓝花、生菜、其他蔬菜、菌类
水果类	苹果、梨、橘子、橙子、柚子、桃、李、杏、葡萄、石榴、奇异果、草莓、香蕉、菠萝、西瓜、坚果等
猪肉	猪肉、猪肉制品
牛羊肉	牛肉、羊肉、牛羊肉等制品
禽肉	鸡、鸭、鹅等及制品
蛋奶类	鸡蛋、鸭蛋、鹅蛋等，牛奶、酸奶、奶酪、奶油
水产品	鱼、虾蟹贝、藻类、其他水产品
零食类	饼干、面包、甜点、小吃、糖果等
饮料类	饮料、含酒精饮料
油脂类	豆油、菜籽油、茶油等植物油、牛油等动物油
其他食物	牛蛙等其他肉类

（三）基于生态足迹中国家庭食物消费模式分析

1. 生态足迹演变趋势分析

依据生态足迹模型测算中国家庭食物消费人均每天的生态足迹，结果如表 6-9 所示。从中可以看出，中国家庭食物消费生态足迹呈逐年增长的趋势，1997~2011 年增长了 25.86%，表明中国家庭食物消费对土地资源的消耗越来越大，也就是说对环境造成的影响越来越大。从各类食物的生态足迹占比看，水产品占比最大，达 44.52%，小麦、稻米、其他谷物、根豆类、蔬菜类、水果类、猪肉、牛羊肉、禽肉、蛋奶类、零食类、饮料类、油脂类、其他食物占比分别为 4.69%、5.98%、0.78%、7.02%、5.22%、1.41%、5.34%、4.22%、2.08%、5.61%、3.42%、2.57%、7.06%、0.09%。

表 6-9　中国家庭食物消费人均生态足迹　单位：公顷/人/天

食物类别	1997 年	2000 年	2004 年	2006 年	2009 年	2011 年
小麦	1.313	1.261	1.268	1.271	1.205	1.095
稻米	1.588	1.457	1.478	1.367	1.403	1.395
其他谷物	0.186	0.168	0.148	0.113	0.135	0.181
根豆类	1.267	1.430	1.475	1.596	1.771	1.637
蔬菜类	1.129	1.327	1.367	1.410	1.377	1.218
水果类	0.132	0.156	0.121	0.223	0.246	0.329
猪肉	1.068	1.240	1.125	1.192	1.323	1.247
牛羊肉	0.817	0.891	0.862	0.828	0.750	0.985
禽肉	0.290	0.335	0.308	0.301	0.391	0.485
蛋奶类	0.540	0.768	0.887	0.930	0.981	1.310
水产品	8.093	8.938	8.798	9.668	10.755	10.391
零食类	0.114	0.118	0.191	0.378	0.546	0.798
饮料类	0.302	0.316	0.352	0.495	0.507	0.599
油脂类	1.668	1.838	1.830	1.776	1.839	1.647
其他食物	0.036	0.055	0.034	0.012	0.013	0.020
合计	18.543	20.299	20.246	21.560	23.243	23.339

从家庭食物消费生态足迹结构的演变趋势看，四大主食类食物消费中的小麦和稻米是逐年下降的，降幅分别为 16.63% 和

12.14%；其他谷物的生态足迹呈先下降后上升的趋势；根豆类的生态足迹呈上升趋势，从 1997 年的 1.267 公顷/人/天增加到 2011 年的 1.637 公顷/人/天。蔬菜类、油脂类、其他食物类呈先上升后下降的趋势，虽然其他食物的生态足迹占比较小，但与 1997 年相比，总体上下降了 43.62%。水果类、蛋奶类、水产品、零食类、饮料类表现为逐年上升的趋势，增幅分别为 150.50%、142.55%、28.39%、602.64%、98.69%。据此可以发现，虽然水产品生态足迹占比最大，但是其增长幅度最小，而零食类生态足迹占比仅有 3.42%，可其涨幅却是最大的。猪肉和禽肉呈波动变化，总体上呈上升的趋势，而牛羊肉生态足迹呈 N 形变化。

2. 食物消费模式的生态足迹分析

从生态足迹角度探讨目前食物消费模式对土地资源消耗情况。本节统计 6 种食物消费模式的人均每天生态足迹，结果如图 6-3 所示。从中可知，6 种食物消费模式的生态足迹值从大到小排序为模式 2、模式 1、模式 3、模式 4、模式 6、模式 5。模式 1 和模式 2 的生态足迹均很高，达 29.35 公顷/人/天和 32.50 公顷/人/天，两者之间仅相差 3.15 公顷/人/天。根据生态足迹结构发现，模式 1 和模式 2 的水产品生态足迹所占比重最大，均达 40% 以上；相比于模式 1，模式 2 的蛋奶类、零食类、饮料类的生态足迹显著较高。模式 3 和模式 4 的生态足迹均低于 6 种模式的平均水平，两者生态足迹相差甚微，仅相差 3.00 公顷/人/天。相比于模式 3，模式 4 稻米的生态足迹减少了 38%，其他种类食物相差不大。模式 5 和模式 6 是 6 种食物消费模式中生态足迹最低的，并且均属于北方传统饮食。模式 5 和模式 6 的生态足迹分别为 14.63 公顷/人/天和 16.51 公顷/人/天，两者之间仅相差 1.88 公顷/人/天。根据生态足迹结构发现，模式 5 水产品生态足迹所占比重最大，为 29.98%，其次是小麦 16.93%，而模式 6 小麦生态足迹所占比重最大，为 25.75%，其次是水产品，为 23.88%。

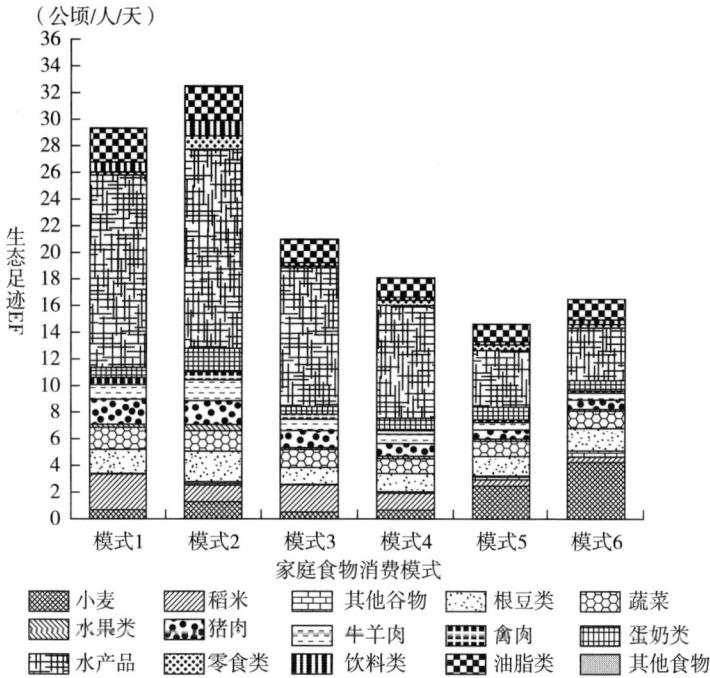

图 6-3 中国家庭食物消费模式生态足迹

对比家庭食物消费模式生态足迹和生态足迹强度（见表 6-10）发现，虽然各食物消费模式的生态足迹相差很大，但其生态足迹强度差别细微，甚至相同。其中，模式 1、模式 2、模式 3 和模式 4 的生态足迹相差较大，可它们的生态足迹强度均保持在 0.011 公顷/千卡左右，说明在食物消费模式生态足迹强度相等的条件下，各食物消费模式消耗的土地资源不同，食物消费热量越高产生的生态足迹越大。此外，模式 6 的生态足迹高于模式 5 约

2 公顷/人/天，但是模式 5 的生态足迹强度却大于模式 6，造成这种情况的原因是模式 5 的热量提供远高于模式 6，超出 31.52%。总体上，南方传统饮食（模式 1 和模式 3）的生态足迹强度均大于北方传统型饮食（模式 5 和模式 6），并且模式 2 和模式 4 每单位卡路里消耗的土地资源是相同的。

表 6-10　生态足迹（公顷/人/天）和生态足迹强度

消费模式	模式 1	模式 2	模式 3	模式 4	模式 5	模式 6
生态足迹（公顷/人/天）	29.3450	32.5088	21.0047	18.0791	14.6344	16.5070
生态足迹强度（公顷/千卡）	0.0091	0.0111	0.0092	0.0110	0.0072	0.0056

（四）　基于碳足迹中国家庭食物消费模式分析

1. 碳足迹演变趋势分析

依据碳足迹模型测算 1997~2011 年的家庭食物消费人均每天的碳足迹，结果如表 6-11 所示。从中可以看出，中国家庭食物消费碳足迹出现波动上升的趋势，1997~2011 年增长了 10.99%，表明中国家庭食物消费产生的温室气体越来越大。从各类食物的碳足迹占比看，稻米占比最大，达 32.56%，其次是猪肉、蔬菜类、牛羊肉占比分别为 11.59%、10.81%、10.70%，小麦、其他谷物、根豆类、水果类、禽肉、蛋奶类、水产品、零食类、饮料类、油脂类、其他食物占比分别为 3.10%、0.58%、2.15%、2.78%、2.83%、7.50%、4.01%、4.02%、1.75%、5.48%、0.12%。

从家庭食物消费碳足迹结构的演变趋势看，四大主食类食物消费碳足迹中的小麦呈阶梯式下降，降幅为 16.63%；虽然稻米的碳足迹占比最大，但是其呈波动式下降趋势，从 1997 年的

0.841 千克二氧化碳当量/人/天减少到 2011 年 0.740 千克二氧化碳当量/人/天；其他谷物的碳足迹呈先下降后上升的趋势，总体上是增加的，增幅为 19.38%；根豆类的碳足迹基本保持平稳趋势。水果类、蛋奶类、水产品、零食类、饮料类呈逐年上升趋势，增幅分别为 201.40%、93.49%、58.77%、577.27%、98.70%。蔬菜类、猪肉、油脂类呈 M 形变化，但是蔬菜类总体上出现上升趋势，从 1997 年的 0.238 千克二氧化碳当量/人/天增加到 2011 年的 0.246 千克二氧化碳当量/人/天；猪肉类总体上呈现上升趋势，从 1997 年的 0.226 千克二氧化碳当量/人/天增加到 2011 年 0.263 千克二氧化碳当量/人/天；油脂类总体上呈下降趋势，从 1997 年的 0.157 千克二氧化碳当量/人/天减少到 2011 年的 0.125 千克二氧化碳当量/人/天。牛羊肉和禽肉的碳足迹呈 N 形变化，总体上呈上升趋势，与 1997 年相比分别增加了 22.75% 和 67.23%。

表 6-11　家庭食物消费每人每天碳足迹

单位：千克二氧化碳当量/人/天

食物类别	1997 年	2000 年	2004 年	2006 年	2009 年	2011 年
小麦	0.085	0.081	0.082	0.082	0.078	0.070
稻米	0.841	0.773	0.783	0.725	0.744	0.740
其他谷物	0.011	0.011	0.009	0.007	0.008	0.013
根豆类	0.046	0.049	0.048	0.050	0.051	0.049
蔬菜类	0.238	0.268	0.268	0.264	0.267	0.246
水果类	0.021	0.026	0.023	0.040	0.046	0.063
猪肉类	0.226	0.262	0.237	0.252	0.280	0.263
牛羊肉	0.198	0.219	0.212	0.207	0.187	0.243
禽肉	0.038	0.044	0.041	0.040	0.052	0.064
蛋奶类	0.088	0.116	0.124	0.133	0.140	0.170
水产品	0.057	0.067	0.068	0.078	0.088	0.091

食物类别	1997 年	2000 年	2004 年	2006 年	2009 年	2011 年
零食类	0.013	0.016	0.023	0.043	0.061	0.091
饮料类	0.020	0.021	0.023	0.033	0.034	0.040
油脂类	0.157	0.169	0.152	0.150	0.152	0.125
其他食物	0.007	0.010	0.006	0.002	0.003	0.003
合计	2.047	2.132	2.102	2.104	2.191	2.272

2. 食物消费模式的碳足迹分析

从碳足迹角度探讨目前的食物消费模式对温室效应的影响，测算 6 种食物消费模式的人均每天碳足迹，结果如图 6-4 所示。从中可知，6 种食物消费模式的碳足迹值从大到小排序为模式 1、模式 2、模式 3、模式 4、模式 6、模式 5。模式 1 和模式 3（南方传统型饮食）的碳足迹为 3.21 千克二氧化碳当量/人/天和 2.36 千克二氧化碳当量/人/天，模式 5 和模式 6（北方传统型饮食）的碳足迹分别为 1.33 千克二氧化碳当量/人/天和 1.46 千克二氧化碳当量/人/天，可见南方传统饮食的温室气体排放量均大于北方传统型饮食。一方面，南方以稻米为主食的碳足迹远大于北方以小麦为主；另一方面，南方传统型饮食的猪肉、牛羊肉和油脂类的碳足迹均远大于北方传统型饮食。均衡型饮食的碳足迹位居第二，达 2.83 千克二氧化碳当量/人/天，与南方传统型饮食（模式 1 和模式 3）相比，较为显著的差别为稻米的碳足迹分别减少了 53.00%和 38.80%、牛羊肉的碳足迹分别增加了 34.76%和 73.90%、蛋奶类的增幅分别为 103.72%和 153.53%。主流型食物消费模式的碳足迹较小，为 1.79 千克二氧化碳当量/人/天，与北方传统型饮食（模式 5 和模式 6）相比，其减少了小麦的碳足迹，在很大程度上增加了稻米的碳足迹，最大增幅为 46.65%。

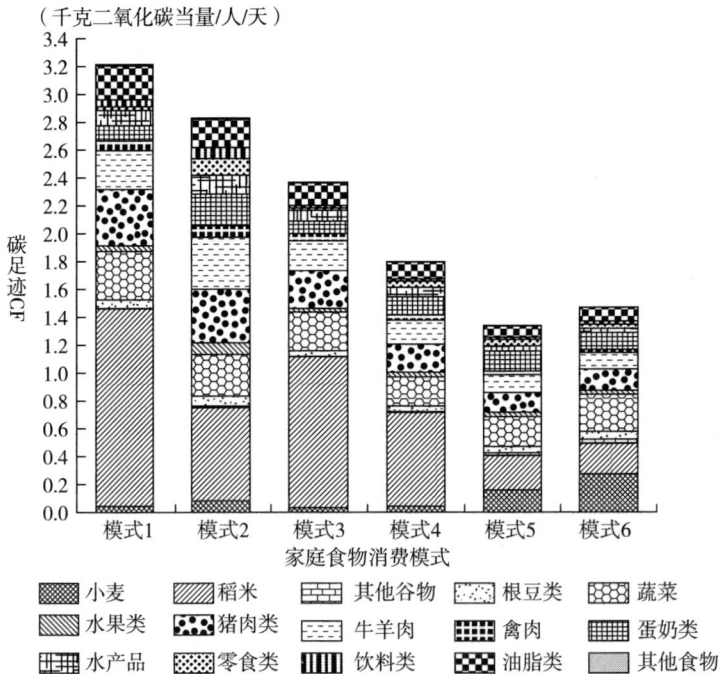

（千克二氧化碳当量/人/天）

图例：
小麦　稻米　其他谷物　根豆类　蔬菜
水果类　猪肉类　牛羊肉　禽肉　蛋奶类
水产品　零食类　饮料类　油脂类　其他食物

图 6-4　中国家庭食物消费模式碳足迹

对比家庭食物消费模式碳足迹和碳足迹强度（见表 6-12）发现，模式 1、模式 2、模式 3 和模式 4 的碳足迹相差较大，可它们的碳足迹强度均保持在 0.0010 千克二氧化碳当量/千卡左右，说明在食物消费模式碳足迹强度相等条件下，各食物消费模式温室气体排放量相差各异，食物消费热量越高产生的温室气体排放量越大。此外，模式 6 的碳足迹高于模式 5 约 0.1 千克二氧化碳当量/人/天，但是模式 5 的碳足迹强度却大于模式 6，主要是因为模式 5 的热量提供高于模式 6。总体上看，南方传统饮食（模式 1 和模式 3）的碳足迹强度均大于北方传统型饮食（模式 5 和模式 6），并且模式 2 和模式 4 每单位卡路里产生的温室气体排放量是相同的。

表 6-12　碳足迹和碳足迹强度

消费模式	模式 1	模式 2	模式 3	模式 4	模式 5	模式 6
碳足迹（千克二氧化碳当量/人/天）	3.2148	2.8300	2.3663	1.7977	1.3378	1.4681
碳足迹强度（千克二氧化碳当量/千卡）	0.0010	0.0010	0.0010	0.0011	0.0007	0.0005

（五）基于水足迹中国家庭食物消费模式分析

1. 水足迹演变趋势分析

依据水足迹模型测算 1997～2011 年的家庭食物消费人均每天的水足迹，结果如表 6-13 所示。从中可以看出，中国家庭食物消费水足迹呈现波动上升的趋势，主要分为两个阶段，1997～2004 年先上升后下降，2004～2011 年逐年上升。2011 年家庭食物消费人均每天的水足迹与 2011 年相比增加了 19.13%，这表明中国家庭食物消费对水资源的消耗越来越多，对生态环境造成的影响越来越大。从各类食物的水足迹占比看，猪肉类占比最大，达 32.90%，其次是稻米、牛羊肉、油脂类占比分别为 13.59%、9.90%、8.41%，小麦、其他谷物、根豆类、蔬菜类、水果类、禽肉、蛋奶类、水产品、零食类、饮料类、其他食物占比分别为 4.15%、0.93%、5.90%、5.85%、2.39%、2.84%、6.66%、0%、3.85%、2.51%、0.12%。

从家庭食物消费水足迹结构的演变趋势看，小麦的消费水足迹呈阶梯式下降，降幅为 16.63%；稻米的水足迹呈先增加后减少的趋势，从 1997 年的 0.362 立方米/人/天下降到 2011 年的 0.320 立方米/人/天，减少了 12.08%；其他谷物的生态足迹呈先下降后上升的趋势，但其 1997 年和 2011 年的水足迹均为

0.021 立方米/人/天；根豆类的水足迹逐年增加，增幅 21.73%。蔬菜类呈先增加后平稳再减少的变化趋势，但其波动变化相对平稳，仅增加了 5.29%。水果类、猪肉类、牛羊肉、禽肉、蛋奶类、零食类、饮料类、油脂类呈波动上升变化趋势，增幅分别为142.16%、16.75%、22.75%、67.24%、91.89%、581.52%、98.70%、7.87%。由于水产品的水足迹系数为 0 立方米/千克，因此水产品的水足迹均为 0 立方米/人/天。其他食物的水足迹从1997 年的 0.004 立方米/人/天下降到 2011 年 0.003 立方米/人/天，只减少了 0.001 立方米/人/天，变动幅度较小。

表 6-13　家庭食物消费每人每天水足迹

单位：立方米/人/天

食物类别	1997 年	2000 年	2004 年	2006 年	2009 年	2011 年
小麦	0.117	0.112	0.113	0.113	0.107	0.097
稻米	0.362	0.333	0.338	0.312	0.321	0.320
其他谷物	0.021	0.019	0.017	0.013	0.015	0.021
根豆类	0.114	0.122	0.131	0.138	0.149	0.139
蔬菜类	0.130	0.152	0.156	0.154	0.152	0.137
水果类	0.023	0.028	0.023	0.035	0.044	0.056
猪肉	0.661	0.768	0.670	0.738	0.820	0.772
牛羊肉	0.189	0.209	0.203	0.198	0.179	0.232
禽肉	0.040	0.046	0.042	0.041	0.053	0.067
蛋奶类	0.081	0.106	0.114	0.122	0.129	0.156
水产品	0.000	0.000	0.000	0.000	0.000	0.000
零食类	0.013	0.015	0.023	0.036	0.044	0.056
饮料类	0.030	0.031	0.034	0.049	0.050	0.059
油脂类	0.183	0.204	0.212	0.204	0.213	0.197
其他食物	0.004	0.006	0.003	0.001	0.001	0.003
合计	1.970	3.412	2.107	2.163	2.295	2.347

2. 食物消费模式的水足迹分析

从水足迹角度探讨目前的食物消费模式对水资源消耗情况，共统计6种食物消费模式的人均每天水足迹，结果如图6-5所示。从中可知，6种食物消费模式的水足迹值从大到小排序为模式2、模式1、模式3、模式6、模式4、模式5。模式1和模式3（南方传统型饮食）的水足迹分别为3.06立方米/人/天和2.17立方米/人/天，模式5和模式6（北方传统型饮食）的水足迹分别为1.59立方米/人/天和1.81立方米/人/天，可见南方传统型饮食的水资源消耗量均大于北方传统型饮食。一方面，南方以稻米为主食的水足迹远大于北方以小麦为主；另一方面，南方传统型饮食的猪肉、牛羊肉和油脂类的水足迹均远大于北方传统型饮食。

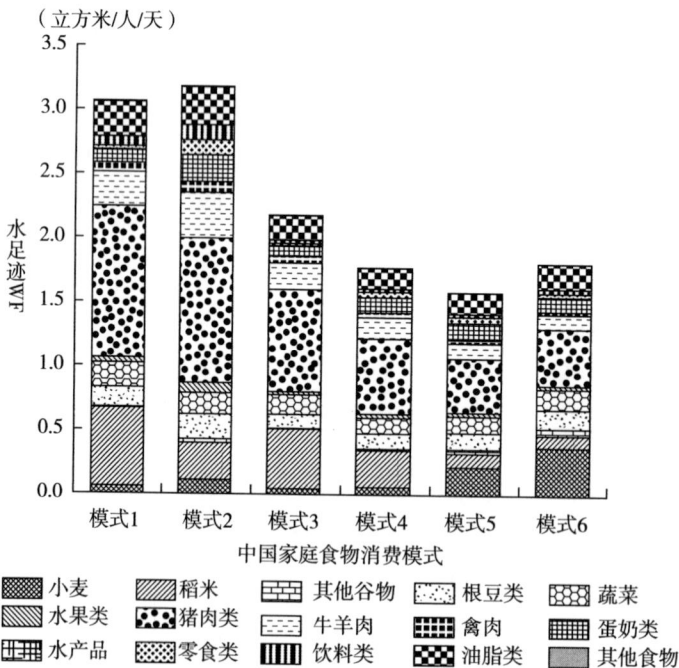

图6-5 中国家庭食物消费模式水足迹

均衡型饮食的水足迹最大，达 3.18 立方米/人/天，与水资源消耗量第二的模式 1 相比，较为显著的差别是稻米的水足迹减少了53.00%，牛羊肉、零食类、蛋奶类、饮料类的水足迹分别提高了34.74%、339.15%、102.33%、57.49%。主流型食物消费模式的水足迹较小，为 1.77 立方米/人/天，与北方传统型饮食（模式 5 和模式 6）相比，其减少了小麦的水足迹，在很大程度上增加了稻米的水足迹，最大增幅为 172.92%。

对比家庭食物消费模式水足迹和水足迹强度（见表 6-14）发现，模式 1、模式 2、模式 3 和模式 4 的水足迹相差较大，但是它们的水足迹强度均保持在 0.0010 立方米/人/天左右，说明在食物消费模式水足迹强度相等条件下，各食物消费模式消耗的水资源相差各异，食物消费热量越高消耗水资源越大。此外，模式 6 的水足迹高于模式 5 约为 0.2 立方米/人/天，但是模式 5 的水足迹强度却大于模式 6，主要由于模式 5 的热量提供高出模式 6 热量的 31.52%。总体上，南方传统型饮食（模式 1 和模式 3）的水足迹强度均大于北方传统型饮食（模式 5 和模式 6），并且模式 2 和模式 4 每单位卡路里消耗的水资源是相同的。

表 6-14　水足迹和水足迹强度

消费模式	模式 1	模式 2	模式 3	模式 4	模式 5	模式 6
水足迹 （立方米/人/天）	3.0651	3.1814	2.1786	1.7728	1.5851	1.8130
水足迹强度 （立方米/千卡）	0.0010	0.0011	0.0010	0.0011	0.0008	0.0006

本节基于 CHNS 数据库和 DFEP 数据库统计了中国家庭食物消费量和足迹系数，测算了 1997~2011 年中国家庭人均每天的食

物消费生态足迹、碳足迹和水足迹，详细地探讨了中国家庭食物消费的生态足迹、碳足迹和水足迹演变趋势。结果表明，中国家庭食物消费的生态足迹、碳足迹和水足迹均呈上升趋势，可见食物消费对生态环境造成的影响越来越大。

此外，依据第五章识别的食物消费模式，核算了6种家庭食物消费模式人均每天的生态足迹、碳足迹和水足迹，分析不同食物消费模式生态足迹、碳足迹和水足迹的差异。研究结果表明，食物消费模式的生态足迹从大到小排序为模式2、模式1、模式3、模式4、模式6、模式5；食物消费模式的碳足迹值从大到小排序为模式1、模式2、模式3、模式4、模式6、模式5；食物消费模式的水足迹值从大到小排序为模式2、模式1、模式3、模式6、模式4、模式5。虽然不同食物消费模式生态足迹、碳足迹和水足迹具有差异性，但是总体上南方传统型饮食（模式1和模式3）对土地资源、水资源消耗以及碳排放量均大于北方传统型饮食（模式5和模式6），均衡型食物消费模式（模式2）的各足迹值均很大，主流型食物消费模式（模式4）的生态足迹、碳足迹和水足迹较小。

还分析了6种食物消费模式的足迹强度，研究表明，总体上南方传统型饮食（模式1和模式3）每单位卡路里消耗的土地资源、水资源及温室气体排放量均大于北方传统型饮食（模式5和模式6），均衡型食物消费模式（模式2）和主流型食物消费模式（模式4）的足迹强度相同。

第七章
可持续食物消费模式设计与评价

一、基于宏观视角的可持续食物消费模式
设计与评价

　　随着人们饮食需求的不断多样化，食物消费的生态环境效应越来越明显，中国食物生产性资源的可持续利用面临巨大的挑战。联合国粮农组织提出可持续饮食定义后，可持续食物消费已成为一个全球关注的重要议题。为了探寻可持续的食物消费模式，本节采用线性优化方法，以满足人体健康所需要的营养摄入量、生态承载力、水资源承载力、碳承载力和食物消费习惯等为约束条件，以综合足迹最小为优化目标，然后求解最优食物消费量，构建兼顾食物消费习惯、满足人体健康所需营养摄入、环境压力小的可持续食物消费模式。

（一）可持续食物消费模式设计

1. 可持续食物消费模式设计技术路线

可持续食物消费模式设计技术路线如图 7-1 所示。具体包括：

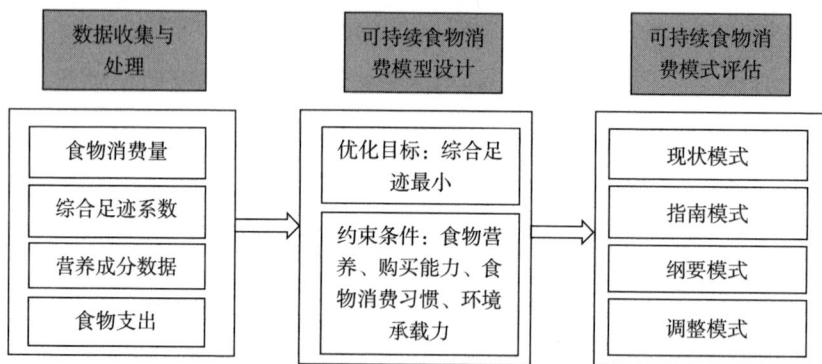

图 7-1　可持续食物消费模式设计技术路线

（1）构建数据库，计算和整理所需的基础数据，包括求解模型所需的食物消费量、生态足迹系数、碳足迹系数、水足迹系数、各类食物营养素和各类食物价格，并对所收集的数据进行标准化处理。

（2）决策变量的确定，确定各类食物摄入量的变化范围。

（3）构建约束条件，各类食物营养、购买能力、食物消费习惯、环境承载力等约束条件。

（4）确定优化目标，以生态足迹、碳足迹、水足迹最小化为优化目标，实现综合足迹最小化。

（5）建立食物消费模式数学优化模型，并求解最优解。

（6）构建食物消费模式偏离度模型，并对现状模式、膳食指南模式、纲要模式（依据《中国食物与营养发展纲要（2014—2020 年）》制定，见表 7-1）和优化模式与调整模式进行比较，并分析比较各个食物消费模式的生态环境效应。

表 7-1　食物消费纲要模式　　　　　　　　单位：克/人/天

食物类别	食物量	食物类别	食物量	食物类别	食物量
谷物	369.9	禽肉	17.6	蔬菜	383.6
植物油	32.9	其他肉	1.5	水产品	249.3
牛肉	6.7	蛋类	43.8	薯类	38.4
羊肉	4.0	奶类	98.6	豆类	49.3
猪肉	49.6	水果类	164.4		

2. 模型构建及结果

根据可持续食物消费模式、综合足迹的概念和分析框架，综合足迹优化分析模型是以生态足迹、碳足迹和水足迹为基础模型，以食物营养、购买能力、食物消费习惯、环境承载力等为控制约束条件，以可承载的综合足迹最小为优化目标。通过线性规划目标模型求解，并比较分析不同食物消费模式下的环境压力，从而确定最优可承载的综合足迹，那么，最优可承载的综合足迹所对应的结果即为可持续的食物消费模式。可持续食物消费模式的设计，综合反映了人口—农业—食品—环境系统之间的相互影响关系。为此，采用线性规划方法对食物消费模式进行优化。

根据中国食物供给情况，优化主要考虑粮食、蔬菜、猪肉、牛肉、羊肉、禽肉、蛋、奶、植物油、水果、水产品等供给量的约束条件，其中饮料、酒类、糖类、茶、可可豆等其他类食物作常数处理。数学模型如下：

（1）目标函数。

$$\text{minCF} = \sum_{i=1}^{n} W_e ef_i X_i + \sum_{i=1}^{n} W_c c_i X_i + \sum_{i=1}^{n} W_w wf_i X_i \qquad (7-1)$$

式中，CF（公顷）为综合足迹；W_e、W_c、W_w 分别为生态足迹、碳足迹、水足迹权重，根据 1978~2013 年生态足迹、碳足迹和水足迹数据，应用熵权法计算得权重分别为 0.3581、0.3836、0.2583；ef_i、c_i、wf_i（公顷/年）分别为人均生态足迹、水足迹、碳足迹系数；X_i 为食物消费量。

（2）约束条件。

1）营养物质约束条件。

$$\text{RNI}_j \leqslant \sum_{i=1}^{n} N_{ij} X_i \leqslant \text{UL}_j \qquad (7-2)$$

式中，RNI_j 和 UL_j 分别为 j 营养成分的推荐摄入量和 j 营养成分可耐受最高摄入量，避免了特定时期内营养摄入过量的潜在副作用；N_{ij} 为第 i 种食物的第 j 种营养成分含量，j = 1，2，3，…，16，分别是植物性食物所提供的能量（千焦）、动物性食物所提供的能量（千焦）、植物性蛋白质（克）、动物性蛋白质（克）、脂肪（克）、碳水化合物（克）、膳食纤维（克）、钙（毫克）、铁（毫克）、锌（毫克）、硒（微克）、碘（微克）、钾（毫克）、维生素 A（微克）、维生素 D（微克）、维生素 E（毫克）。各种食物所能提供的各种营养元素值参考李明净（2016）的研究。

2）收入水平与食物购买能力约束条件。

$$\sum_{i=1}^{n} X_i P_i \leqslant \text{Cap} \qquad (7-3)$$

式中，P_i（元）为食物价格，Cap（元）为购买能力，即平均每人每天用于购买食物的资金上限，故而用人均食物消费支出表示购买能力。

3）消费习惯约束条件。

$$a_i \leqslant \sum_{i=1}^n X_i \leqslant b_i \qquad (7-4)$$

式中，a_i 和 b_i（克/天）分别为第 i 类食物之和（或第 i 类食物）的最低和最高摄入量。为了使所构建的食物消费模式与现状偏离度小，以 2010～2016 年的食物消费作为现状，a_i 以现状的 50% 测算，同时 a_i 要大于膳食指南最低摄入量，保证营养摄入达到膳食指南推荐量；b_i 主要根据现有食物摄入量的比例与膳食指南推荐食物量比例进行确定，现有食物摄入量±10%。

4）生态承载力约束条件。

$$\sum_{i=1}^n ef_i X_i \leqslant \alpha_1 EC \qquad (7-5)$$

式中，α_1 为生态承载力调控系数，EC 为生态承载力，以保证优化后食物消费模式具有较高的生态可承载力。

5）水资源承载力约束条件。

$$\sum_{i=1}^n wf_i X_i \leqslant \alpha_2 EC_w \qquad (7-6)$$

式中，α_2 为水资源承载力调控系数，EC_w 为水资源承载力。

6）碳承载力约束条件。

$$\sum_{i=1}^n c_i X_i \leqslant \alpha_3 A \qquad (7-7)$$

式中，α_3 为碳承载力调控系数，A 为区域碳中和功能服务面积。

7）非负约束条件。

$$X_i \geqslant 0$$

由于在食物消费模式环境效应（见第六章的"宏观视角下居

民食物消费环境效应"部分）的研究显示，目前中国居民食物消费的资源环境压力已经严重超过资源环境所能提供的承载度，资源环境赤字逐年加剧。因此，α_1、α_2、α_3 参数的设定目的是放宽资源环境承载度，即达到构建的可持续食物消费模式满足营养摄入需求、居民食物消费习惯的同时具有较小的资源环境压力的目的。

根据生态足迹、碳足迹和水足迹的环境承载度，在求解模型时，$\alpha_1 = 0$，$\alpha_2 = 0$，$\alpha_3 = 1.2$。对于 α_3 值的确定基于以下两点：①2013 年中国食物消费人均水资源承载为 3.0622 公顷扣除 60% 用于维护生态环境后仅 1.225 公顷。②从营养摄入角度，膳食指南推荐量水资源需求为 1.1648~1.4631 公顷；中国食物与营养发展纲要推荐量对水资源需求为 1.4722 公顷。故兼顾均衡膳食与环境资源可承载，水资源承载力乘以系数 1.2。

运用 Lingo 软件求解模型（7-1）～模型（7-7），求解结果如表 7-2 所示。

表 7-2　食物消费模式优化结果　　　　　　　单位：克

食物类别	食物量	食物类别	食物量	食物类别	食物量
谷物	341.7	其他肉	1.1	薯类	132.8
植物油	22.1	蛋类	44.3	豆类	47.0
牛肉	11.1	奶类	221.3	饮料	15.0
羊肉	6.6	水果类	398.4	酒类	22.5
猪肉	70.0	蔬菜	752.5	糖类	10.0
禽肉	36.0	水产品	88.5		

3. 模型偏离度构建

由于市场供需受多种因素影响，不可能仅通过单一的要素改变食物消费模式，为此，将营养需求、食物消费习惯和综合足迹三者结合构建可持续食物消费模式。为了使研究方法与所构建的可持续食物消费模式更具可行性，将构建多种食物消费模式与最优量偏离度模型，通过偏离度模型对设计出的可持续食物消费模式进行调整。偏离度计算公式如下：

$$偏离度 = \frac{\Delta X_i}{X_{i优化}} \times 100\% = \frac{X_{ij} - X_{i优化}}{X_{i优化}} \times 100\% \qquad (7-8)$$

式中，X_{ij} 为第 j 种食物消费模式的第 i 种食物消费量，$X_{i优化}$ 为第 i 种食物的优化量。$j=1$，2，3 分别为膳食指南食物消费模式、纲要食物消费模式和现状食物消费模式。

参考刘军跃等（2016）的研究成果，对可持续食物消费模式调整作以下定义：当偏离度的绝对值在 15% 以下，则不需要调整；当偏离度的绝对值在 15%～25%，则可以进行微调；当偏离度的绝对值在 25% 以上，则需对其进行调整；当优化量达不到膳食指南推荐量且高于食物现状时，则下调。

（二）可持续食物消费模式评估

1. 食物消费模式比较分析

通过上述可持续食物消费模型的求解结果，并构建现状模式、指南模式、纲要模式、优化模式数据库，计算出求解后的食物消费模式与膳食指南模式、纲要模式和现状食物消费模式的偏离度，如表 7-3 所示。本书对优化后的食物消费量做进一步的调整，调整宗旨是：调整后的食物消费总量与原食物消费总量贴近度不低于 95%，使消费模式更具有可持续性的同时要满足人体健康营养摄入和符合居民消费习惯。具体食物链调整原则是：①谷物类食物与纲要标准食物量和现状食物消费模式的偏离度较小，但和膳食指南食物消费推荐量偏离度较大，为了保证耕地承载力的提升，对谷物类食物进行下调，但为了保证正常的营养摄入，下调不能高于20%。②植物油优化量与食物消费现状偏离度绝对值小于5%，与膳食指南偏离度大于25%，并且为正偏离，即优化后的植物油和现状消费都达不到指南要求，所以植物油保持现状不变。③肉类食物中，从偏离度角度看，优化后肉类食物与现状的偏离度绝对值都大于25%，但与其他模式相比牛肉和猪肉的摄入量均大于纲要模式。此外，从生态环境影响角度，因猪肉消费比重高达60%以上，同时生态足迹系数和水足迹系数分别为2.44公顷/吨和6310立方米/吨，牛肉羊肉生态足迹系数为8.19~8.35公顷/吨，水足迹分别为5682立方米/吨和12632立方米/吨，而禽肉生态足迹系数为1.9公顷/吨，水足迹系数为3171立方米/吨，均低于猪肉和牛羊肉足迹系数，故调整方向为减少猪肉和牛羊肉消费量、增加禽肉消费量。④蛋类与其他模式偏离度均小于15%，故蛋类消费量为优化量。⑤奶类食物与其他模式的偏离度绝对值都大于25%，其中膳食指南要求每天对奶类的摄入量为300克，而现实消费远低于300克，所以优化后将提升奶类消费。⑥蔬菜水果类的偏离度绝对值在25%以上，优化后的食物消费量均大于指南推荐和纲要推荐量，但是不能满足现实消费需求，故而需要增加。⑦水产品优化后与膳食指南偏离度较小，但是远达不到纲要推荐量，故要对优化后的水产品进行上调。⑧对于其他类食物，保证综合足迹不变条件下，根据膳食指南要求少盐少油，控糖限酒的原则按膳食指南量消费。

表 7-3 求解模式与各类食物消费模式偏离度比较

食物种类	指南模式	纲要模式	现状模式
谷物	-38.30	8.25	20.37
植物油	12.96	48.55	-3.24
牛肉	-8.06	-39.30	29.38
羊肉	56.26	-40.23	27.41
猪肉	-28.23	-29.12	35.98
禽肉	67.32	-50.99	4.48
其他肉	187.04	36.02	189.94
蛋	12.96	-0.96	14.54
奶	35.56	-55.43	-60.17
水果类	-35.99	-58.73	-40.08
蔬菜	-33.55	-49.03	23.50
水产品	12.96	181.63	31.97
薯类	-89.46	-71.11	37.60
大豆	-14.89	4.93	19.15

通过对食物消费偏离测算和上述调整原则，调整后食物消费模式与其他食物消费模式摄入量比较如图 7-2 所示。

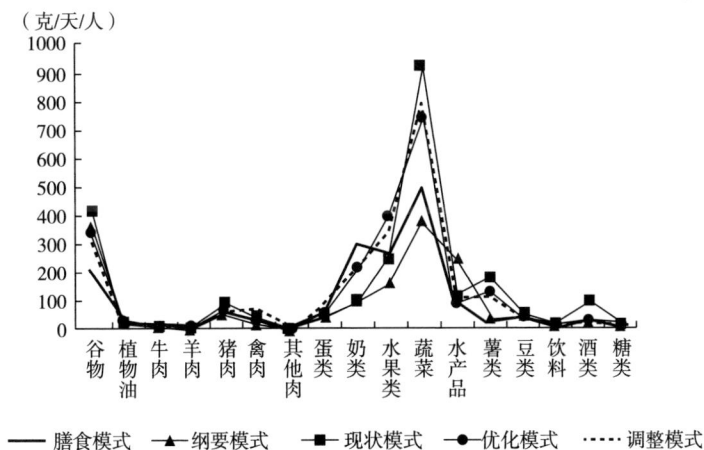

图 7-2 五种食物消费模式比较

总体而言，调整后的食物消费模式与现状食物消费模式贴近度是95.83%。调整后的各类食物消费中与现状食物消费模式比较，谷物类食物下调了19.31%；牛肉下调了19.22%，猪肉下调了62.11%，禽肉上调了59.52%，奶类消费低于膳食指南推荐摄入量，奶类上调151.06%；蔬菜类食物中，蔬菜和薯类分别下调了13.75%和35.54%；水果上调了48.03%，水产品下调了23.32%。

食物消费能量来源分布是评价食物消费模式结构合理性的基本指标，中国居民膳食指南建议的三大能量来源：碳水化合物占50%~66%，脂肪占20%~30%，蛋白质占5%~30%。本书以100克可食部食品中的营养素含量为基数计算得调整后的食物消费模式：碳水化合物占60.36%~63.25%，脂肪占15.63%~17.77%，蛋白质占21.12%~21.87%。此外食物能量供应在2014.36~2347.87千卡。这满足了消费者的能量供应和营养需求，同时与中国高膳食纤维、低脂肪的饮食模式是相符的。

2. 食物消费模式环境压力比较

求解出最优食物消费量，再根据生水足迹、生态足迹和碳足迹模型测算出每一种食物消费模式相应的足迹，同时将优化调整后的食物消费模式的各土地类型生态压力进行比较（见表7-4）。

表7-4　5种食物消费模式环境压力比较　　　　单位：公顷

食物消费模式	水足迹	生态足迹	碳足迹	土地类型	调整前生态足迹	调整后生态足迹	生态承载力
现状模式	2.4210	0.6221	0.2500	耕地	0.3405	0.3405	0.3405
指南模式	1.4630	0.5401	0.1764	林地	0.1076	0.1076	0.1076
纲要模式	1.4702	0.5012	0.1676	草地	0.0763	0.0763	0.0763

续表

食物消费模式	水足迹	生态足迹	碳足迹	土地类型	调整前生态足迹	调整后生态足迹	生态承载力
优化模式	1.4710	0.5458	0.1822	水域	0.0162	0.0162	0.0162
调整模式	1.5081	0.5406	0.1786	合计	0.6221	0.5406	0.5516
承载力	水资源承载力		生态承载力		碳承载力		
	1.226		0.5516		0.1827		

由上文分析和表7-4可知，调整后食物消费模式与现状模式贴近度为95.83%，符合居民均衡膳食营养摄入需求，即调整后的食物消费模式从消费习惯和营养摄入角度，在资源环境的影响上更具有可持续性。在资源环境方面实现了生态足迹和碳足迹承载盈余，水资源承载度提升了37.7个百分点。

（1）从生态足迹来看，膳食指南模式、纲要模式和优化模式的生态足迹均小于生态承载力0.5516公顷，而调整后的食物消费模式相对于优化模式，生态足迹下降了0.96%，生态承载力提升了0.9个百分点；同时，食物消费生态承载级别由中等上升到较高；耕地、林地、草地和水域的生态足迹分别减少了9.5%、16.1%、6.4%和55.0%，从而实现了生态盈余0.011公顷。

（2）从碳足迹来看，指南模式、纲要模式、优化模式的碳足迹均小于碳承载力0.1827公顷，而调整后的食物消费与现状碳足迹比较下降了28.56%，与优化模式比较，调整后的碳足迹下降了7.09个百分点，碳足迹盈余0.0158公顷。

（3）从水足迹来看，指南模式、纲要模式和优化模式的水足迹均大于水资源承载力1.226公顷。故从食物消费习惯和均衡营养摄入角度，调整后的食物消费模式较指南模式、纲要模式和优化模式在水足迹上分别提高了3.1个、2.4个、2.5个百分点，但是与现状食物消费模式比较，水资源承载力得到了提升，实现了水资源承载度提升了 37.7 个百分点。

本部分依据第六章关于我国宏观视角下居民食物消费环境效应的分析，以及确定的生态承载力、碳承载力、水资源承载力等约束条件，构建了满足人体健康营养摄入、符合居民食物消费习惯、资源压力小，同时居民具有购买能力的可持续食物消费模型，然后构建食物消费模式偏离度模型对优化求解得到的食物量，结合现实食物消费需求做进一步调整。

通过调整的具有可持续性食物消费模式，植物性食物量占总量的 70% 以上，体现了植物性食物为主，动物性食物为辅的食物消费模式。一方面符合中国以麦稻为主食的饮食习惯和营养需求，同时还符合食物多样、谷物为主的可持续的平衡膳食模式；另一方面保证了中国农业可持续发展，从而降低了食物消费引致的环境压力，促进食物消费和环境之间的协调。

二、基于微观视角的可持续食物消费模式设计与评价

随着居民膳食结构的不断调整，食物消费的生态环境压力越来越大。食物的可持续性发展不仅与居民营养健康状况有关，还对社会经济与资源环境产生重大影响。为了探究可持续食物消费模式，本节依据 FAO 对可持续饮食的定义，将基于家庭层面对建立可持续食物消费模式的评价体系，对现有的食物消费模式进行科学评价。

（一） 可持续食物消费模式评价体系

参考粮农组织对可持续膳食的定义，从环境压力小、营养充足、符合消费习惯、经济可承受 4 个维度评价食物消费模式的可持续性，构建可持续食物消费模式评价体系，如表 7-5 所示。

表 7-5　可持续食物消费模式评价体系

维度	指标	单位	属性
环境压力	综合足迹	/	逆向
营养质量	营养丰富饮食 9.3 （NRD9.3） 评分	/	正向
消费习惯	食物消费模式偏离度	%	逆向
经济承载力	食物消费成本	元	逆向

1. 环境压力

以生态足迹、水足迹、碳足迹构建综合足迹，全方面表征因食物消费造成的环境压力（见第六章的"微观视角下家庭食物消费环境效应研究"部分）。由于生态足迹、水足迹、碳足迹的单位无法统一，因此对食物消费模式足迹值进行无量纲化处理。如下式所示：

$$CF_i = EF_i + CF_i + WF_i \tag{7-9}$$

式中，CF_i 为食物消费模式 i 的综合足迹，EF_i、CF_i、WF_i 分别为无量纲化处理后的生态足迹、碳足迹、水足迹。

2. 营养质量

营养丰富饮食 9.3 （NRD9.3） 评分 （Van Kernebeek 等，2014） 表征家庭食物消费模式的营养质量。NRD9.3 评分是依据营养丰富食品 9.3（NRF9.3）评分（Fulgoni 等，2009；Drewnowski，2015）调整的。相对于每 100 千卡食品表示的 NRF9.3 评分，NRD9.3 并未按食物能量卡路里进行换算。按照《中国食物成分表》（包括 1991 年版、2004 年版、2009 年版）的编码及各品种食物的各类营养素系数，计算每种食物消费模式营养素摄入量。

$$\text{NRD9.3} = \left(\sum_{i=1}^{9} \frac{\text{Nutrient}_i}{\text{RDV}_i} - \sum_{j=1}^{3} \frac{\text{Nutrient}_j}{\text{RDV}_j} \right) \times 100\% \qquad (7-10)$$

式（7-10）计算膳食模式的营养质量，i 为 9 种有益的营养素，分别为蛋白质、纤维、钙、铁、镁、钾、维生素 A、维生素 C、维生素 E。j 为 3 种限制性营养素，分别是钠、饱和脂肪、添加糖。Nutrient_i 为第 i 种营养素平均每人每天的摄入量，RDV_i 为第 i 种营养素推荐最大摄入量。其中，如果 $\text{Nutrient}_i > \text{RDV}_i$，则设定第 i 种营养素平均每人每天的摄入量等于第 i 种营养素推荐最大摄入量，否则使用第 i 种营养素实际摄入量代入公式，这样可以避免一种营养素的高摄入量弥补另一种营养素的低摄入量。Nutrient_j 为第 j 种限制营养素平均每人每天的实际摄入量，RDV_j 为第 j 种限制营养素推荐摄入量。

3. 消费习惯

构建食物消费模式偏离度表征消费习惯，偏离度越低则表示该食物消费模式越符合居民的消费习惯。

$$\text{pd}_i = \sum_{j=1}^{15} \left| \frac{X_{ij} - Y_j}{Y_j} \right| \times 100\% \qquad (7-11)$$

式中，pd_i 为模式 i 的偏离度，X_{ij} 为食物消费模式 i 中第 j 种食物消费量，Y_j 为居民第 j 种食物的平均消费量。

4. 经济承载力

用食物消费成本表征，成本越低，表示该食物消费模式对居民来说可支付得起。

$$C_i = X_{ij} \times p_j \qquad (7-12)$$

式中，C_i 为食物模式 i 的消费成本，X_{ij} 为食物消费模式 i 中第 j 种食物消费量，p_j 为第 j 种食物的价格。食物价格来源于 FAO 数据库和《中国物价年鉴（2011）》。

（二）可持续食物消费模式评价

1. 评价方法

熵权法是一种客观赋权法，依据指标的变异程度确定权重。计算步骤如下：

（1）数据标准化处理。由于各指标单位并不统一，因此在计算综合得分前需对数据进行标准化处理。

正向指标：

$$X_{ij} = \frac{X_{ij} - \min\{X_i\}}{\max\{X_i\} - \min\{X_i\}} \qquad (7-13)$$

逆向指标：

$$X'_{ij} = \frac{\max\{X_i\} - X_{ij}}{\max\{X_i\} - \min\{X_j\}} \qquad (7-14)$$

式中，X_{ij}、X'_{ij} 分别为第 i 种食物消费模式第 j 个指标的原始数据和标准化后的数据。

（2）计算信息熵。

$$p_{ij} = \frac{X'_{ij}}{\sum_{i=1}^{n} X'_{ij}} \qquad (7-15)$$

（3）确定指标权重。

$$w_j = \frac{1 - E_j}{k - \sum E_j} \qquad (7-16)$$

式中，w_j 为指标 j 的信息熵，k 为指标个数。

（4）计算综合得分。

$$F_i = w_j \times p_{ij} \qquad (7-17)$$

式中，F_i 为食物消费模式 i 的综合得分，其他符号同上。

2. 家庭食物消费模式综合评价

依据熵权法得出指标权重为：综合足迹 0.39、营养质量 0.22、经济承载力 0.19、消费习惯 0.20。可见，综合足迹指标在整个食物消费可持续性评价中具有重要的影响作用，而其余 3 个指标的重要程度相当。从表 7-6 可知，6 种消费模式可持续性综合得分排序为：模式 6＞模式 5＞模式 4＞模式 3＞模式 1＞模式 2。总体上看，南方传统型饮食的可持续性远低于北方传统型饮食和主流型膳食模式，其中，北方传统饮食的可持续性最好，均衡型食物模式的可持续性最差。

表 7-6　食物消费模式综合得分

食物模式	模式 1	模式 2	模式 3	模式 4	模式 5	模式 6
综合得分	0.094	0.019	0.120	0.185	0.222	0.224

（1）综合足迹指标。依据表 7-7 可知，6 种模式综合足迹从大到小顺序依次为：模式 2、模式 1、模式 3、模式 4、模式 6、模式 5，表明南方传统型饮食（模式 1 和模式 3）对环境的综合影响均大于北方传统型饮食（模式 5 和模式 6）；均衡型食物消费模式（模式 2）造成的环境压力是最大的；主流型食物消费模式（模式 4）的综合足迹值为 0.308，远低于 6 种模式综合足迹的平均水平 0.700，模式 4 对环境造成的影响较小。

表 7-7 食物消费模式环境压力指标

食物模式	模式 1	模式 2	模式 3	模式 4	模式 5	模式 6
综合足迹	1.502	1.516	0.702	0.308	0.000	0.170

（2）营养质量指标。依据各营养素摄入量（见表 7-8）可知，作为营养质量最低的模式 4，其 9 种有益营养素在 6 种模式中摄入量均最少。其中，膳食纤维摄入量远低于中国居民膳食营养素推荐的摄入量，相差 63%；维生素 E 摄入量达 24.75 毫克，高于最高推荐量 10.75 毫克；而剩余的 7 种有益营养素均在推荐摄入量范围内。模式 4 的 3 种限制性营养素钠摄入量在推荐摄入量范围内，在 6 种消费模式中较低；添加糖的摄入量远低于推荐摄入量；虽然饱和脂肪酸摄入量在 6 种模式中最低，但是超过推荐摄入量 10 克。营养质量最高的模式 6 的蛋白质、铁、钾、镁、维生素 E 摄入量均超过最高推荐摄入量，分别超出 39.18%、47%、8.65%、31.10%、172.00%；膳食纤维摄入量远低于推荐的摄入量，钙、维生素 A、维生素 C 摄入量均在推荐摄入量范围内。模式 6 的 3 种限制性营养素钠摄入量在推荐摄入量范围内，但其高于 6 种模式钠摄入量的平均水平；添加糖的摄入量远低于推荐摄入量；饱和脂肪酸摄入量超过推荐摄入量 18 克。虽然模式 3 的 NRD9.3 评分略高于模式 1，但是模式 1 各项营养素摄入量均高于模式 3。其中较为明显的差别为铁、钾、镁、维生素 A、维生素 C，这些营养素在模式 1 中高于推荐摄入量，而在模式 3 中处在推荐摄入量范围内。模式 2 的蛋白质、铁、钾、镁、维生素 C、维生素 E 摄入量均超过最高推荐摄入量，剩余有益营养素摄入量在推荐范围内均低于推荐值，而其 3 种限制性营养素在 6 种模式中摄入量最多。模式 5 仅有维生素 E 摄入量超出最高推荐

摄入量，超出116.7%，而膳食纤维低于推荐摄入量，其余有益营养素均在推荐范围内；其3种限制性营养素钠的摄入量高于6种模式的平均水平，但在居民膳食饮食推荐的范围内，饱和脂肪酸和添加糖的摄入量在6种模式中处于较低水平。综上可见，不同食物消费模式营养素摄入量具有显著差异，即使两者的营养丰富，与饮食9.3（NRD9.3）评分相近，但两者具体营养素摄入量相差较大。

表7-8　食物消费模式营养质量指标

	模式1	模式2	模式3	模式4	模式5	模式6	RDV
蛋白质（克）	92.70	92.05	66.03	52.53	63.53	90.47	9~65
膳食纤维（克）	14.48	17.30	10.10	9.16	13.06	18.96	25
钙（毫克）	520.47	612.60	367.64	333.39	355.65	487.05	200~1200
铁（毫克）	29.15	28.56	20.25	16.00	19.11	29.40	0.3~20
钾（毫克）	2190.41	2370.30	1581.27	1339.38	1563.55	2172.97	350~2000
镁（毫克）	391.48	394.07	284.79	232.08	289.18	432.62	20~330
维生素A（微克）	831.17	754.56	646.95	470.84	385.77	438.85	300~800
维生素C（微克）	115.21	110.06	90.42	71.68	75.88	97.13	40~100
维生素E（微克）	36.66	48.29	26.14	24.75	30.35	38.08	3~14
钠（微克）	617.81	1043.59	444.74	500.17	735.53	833.34	170~1600
饱和脂肪酸（克）	53.84	60.82	36.12	30.64	32.02	38.01	20
添加糖（克）	1.93	2.35	1.41	1.21	0.79	0.73	50
NRD9.3评分	489.60	440.54	496.44	406.94	458.12	524.82	—

6种模式的营养丰富饮食9.3（NRD9.3）评分从大到小顺序依次为模式6、模式3、模式1、模式5、模式2、模式4。可见，

高热量的北方传统消费模式（模式6）的营养摄入量最好，超高热量的南方传统饮食（模式1）和中等热量的南方传统饮食（模式3）营养质量次之，并且两者相差甚微。而中等热量的传统型膳食（模式5）的营养质量略高于高热量的均衡型膳食（模式2），低脂低热量的主流型食物消费模式（模式4）的营养摄入质量最低。

（3）消费成本指标。

依据食物消费模式中各食物种类的消费成本（见表7-9）可知，模式1（模式3）主要消费品种为稻米、蔬菜、猪肉，占比分别为18.67%（20.62%）、12.94%（14.84%）、19.92%（19.41%），模式1和模式3其他食物类消费成本占比相差甚微，但是模式1各类食物消费成本均高于模式3；模式2消费成本最高的种类是猪肉，消费占比达15.73%，蔬菜类、零食类、饮料类、水产品消费成本在6种模式中均较高，其他类食物消费成本占比相近；模式4主要消费品种为稻米、蔬菜、猪肉，占比分别为14.12%、13.57%、15.85%，但是蔬菜类、饮料类、油脂类消费成分在6种模式中均属于最低水平；模式5和模式6是北方传统饮食模式，主要消费品种为小麦、蔬菜、猪肉，占比分别为16.98%（26.07%）、15.09%（15.52%）、11.79%（11.19%），其他食物消费成本相差0.02~0.09元。从各模式总食物消费成本看，模式2（均衡型食物消费模式）的消费成本最高，每人每天食物成本达13.925元；模式4（低脂低热量食物消费模式）消费成本较低，仅比最低消费成本高出0.288元；对于北方传统饮食和南方传统饮食而言，消费成本从大到小排序为模式1>模式3>模式6>模式5。这说明，一方面热量高的食物消费模式成本高于热量低的食物消费模式成本；另一方面，南方传统饮食成本高于北方传统饮食。

表 7-9　食物消费模式消费成本指标　　　　　单位：元

	模式 1	模式 2	模式 3	模式 4	模式 5	模式 6
小麦	0.323	0.603	0.240	0.314	1.176	2.019
稻米	2.154	1.013	1.648	1.019	0.373	0.331
其他谷物	0.016	0.089	0.011	0.041	0.113	0.177
根豆类	0.739	0.906	0.510	0.550	0.591	0.682
蔬菜类	1.493	1.410	1.186	0.980	1.045	1.202
果类	0.335	0.783	0.239	0.353	0.348	0.249
猪肉	2.299	2.191	1.552	1.144	0.817	0.866
牛羊肉	0.383	0.576	0.294	0.248	0.224	0.198
禽肉	0.391	0.430	0.282	0.198	0.125	0.103
蛋奶类	0.338	0.784	0.263	0.423	0.428	0.340
水产品	1.009	1.210	0.719	0.627	0.326	0.269
零食类	0.357	1.616	0.240	0.619	0.660	0.397
饮料类	0.357	1.616	0.362	0.325	0.331	0.479
油脂类	0.601	0.649	0.422	0.355	0.358	0.422
其他食物	0.047	0.046	0.025	0.021	0.014	0.010
合计	11.539	13.925	7.993	7.218	6.930	7.745

（4）消费习惯指标。

通过对食物消费模式偏离度测算，各模式总偏离度如表 7-10 所示。从中可知，高热量均衡型消费模式（模式 2）偏离程度最大，低脂低热量主流型消费模式（模式 4）偏离程度最小，中等热量南方传统饮食（模式 3）偏离程度小于超高热量南方传统饮食（模式 1）。同时，高热量北方传统饮食（模式 6）偏离程度高于中等热量北方传统饮食（模式 5）。这表明造成偏离居民消费习惯主要有两个原因：一是膳食消费模式能量摄入过高；二是整体食物摄入量基本不变，但减少了主食食物的消费向其他食物消费转移。

表7-10　食物消费模式消费偏离度　　　　单位：%

食物消费模式	模式1	模式2	模式3	模式4	模式5	模式6
偏离度	719.176	1087.621	429.142	370.601	562.963	819.231

结合食物消费模式演变趋势与特征分析发现，总体上中国家庭膳食消费演变趋势主要从中等热量的南方传统型消费模式（模式3）一部分向低脂低热量的主流型消费模式（模式4）转变，另一部分向高热量的均衡型食物消费模式（模式2）转变。模式3转变为模式4的过程是食物消费向更具有可持续性方向转变，同时，模式3向模式4的转变过程在2004~2011年这个时间段内具有倾向性并且模式3向模式4的转出过程在时序上具有稳定性，可见，模式3易于向模式4转入。虽然模式3向模式2转变过程是食物消费向较差的可持续性方向转换，但是模式3向模式2转出过程是规避型转变模式，也就是说，模式3可以避免向模式2转变。超高热量的南方传统饮食（模式1）和高热量的均衡型食物消费模式（模式2）向低脂低热量的主流型食物消费模式（模式4）转变，这两个模式转换过程均具有稳定的倾向型转变模式，并且都是向较好的可持续性食物消费模式发展。北方传统饮食最具有可持续性，其中模式5大部分保持消费模式不变，模式6向模式5转移。模式6向模式5转变过程是稳定性的倾向型转变模式，虽然这一转变的可持续性从0.224下降到0.222，相差甚微，可忽略不计。

综上可知，整体上，中国家庭膳食消费一部分向更可持续性食物消费模式发展，另一部分向较差的可持续性食物消费转变，但好在这一转变过程可以在人为控制下避免发生。模式 6 具有最好的可持续性，与其他消费模式相比，虽然偏离居民食物消费习惯程度较大，但是该模式产生的环境压力小、营养充足并且消费成本较低。尤其是营养质量方面，模式 6 的营养质量评分达 524.82，超过其他 5 种食物消费模式，表明其营养摄入质量最优。模式 5 的可持续性仅次于模式 6，虽然其营养质量低于模式 6，但是模式 5 产生的环境压力最小、消费成本最低，同时偏离居民食物消费习惯程度较低。模式 4 的可持续性低于模式 5 和模式 6，其对环境造成的影响较小、消费成本较低、食物消费偏离程度最低，但是营养质量评分仅有 406.94，是 6 种食物消费模式中最低的，表明该模式营养摄入质量最差。模式 3 的可持续性较差，虽然其消费成本低、营养充足并且偏离居民食物消费习惯程度较小，但是对环境造成的影响较大，仅次于模式 1 和模式 2。模式 1 的可持续性低于模式 3，虽然该模式营养摄入量较好，但是其产生的环境压力大、偏离居民食物消费习惯程度较大并且消费成本高。模式 2 的可持续性最差，相对于其他消费模式而言，该模式营养摄入质量处于居中位置，营养质量一般，其产生的环境压力最大、偏离居民食物消费习惯程度最高并且消费成本最高。

第八章
推进食物消费可持续的对策建议

一、我国食物消费可持续性问题

食物是人们生活中最基本的物质需求，直接影响人们对营养的获取，是人们索取土地资源、水资源和温室气体排放的载体。食物消费水平的变化不仅是一个国家或地区社会、经济、人口发展变化的体现，同时也是一个国家或地区人们生活质量的重要体现。随着全球经济、人口以及家庭收入水平的不断增长，不仅增加了食物供给压力，还增加了人口生存对食物消费的需求，而日益增加的食物需求将是全球范围内资源环境变化的主要决定因素。一方面，在食物从农业生产、加工、存储和运输供应链到居民家庭终端消费的过程中，农业系统生产用地占全球陆地面积的38%，用水占全球用水量的70%，排放的温室气体占全球的

19%～29%，显然食物消费已成为气候变化、生物多样性损失、土地退化、淡水资源缺乏等环境资源问题的最主要驱动力。另一方面，居民食物消费模式的不合理性，食物营养如高糖、多盐、饱和脂肪酸等过量摄入问题普遍存在，使得人们营养不良与肥胖问题日益严重，不合理的膳食模式不仅使肥胖患病率提高，而且通过温室气体排放间接加剧了全球气候变化问题，并加重了单一食物的消费造成某一类土地资源的过度使用，加剧土地退化。以食品消费满足人群营养素需求为目标的农业生产体系消耗资源，是全球变化和资源管理关注的热点（丁珊，2015）。为此，食物消费模式及其变化趋势对农业—食品—环境系统复杂联系的影响，引起许多机构和学者的关注。联合国粮食及农业组织（FAO）在一份规划报告中指出，由于人口和经济的不断增长，全球食物消费尤其是动物性食品的消费将呈持续上升的趋势，农业部门给环境资源造成的压力也将日益加剧。联合国环境规划署（UNEP）认为，只有通过全球范围内的食物消费模式转变，才能显著降低农业生产所导致的环境资源压力。

随着中国居民农产品生产技术的提高、城市化进程的不断加速和居民收入水平的提高，食物消费的重要性越来越大，使得食物消费模式的环境效应越来越大。尤其是在经济新常态下，食物消费模式的变化与农业供给侧结构性改革息息相关，中国粮食安全在供需不平衡压力的同时面临着粮食生产所需的自然资源与环境条件不佳、新能源发展等严峻形势的挑战。

（一）居民膳食结构变化

改革开放以来，中国城镇化水平和城乡居民消费水平快速提高，消费水平由 1978 年的人均 184 元/年增长至 2020 年的人均

27438 元/年（按当年价格），全国粮食总产量从 1978 年的 3.1
亿吨跃增至 2020 年的 6.2 亿吨，人均粮食产量从 1978 年的 319
千克跃增至 2020 年的 474 千克，为城乡居民膳食结构转型奠定
了坚实的基础。食物来源多样，国民口粮需求减少。当前，中国
传统的以植物性食物为主的膳食模式正在向以动物性食物为主的
膳食模式转变。动物性食物消费量的增加，带来口粮消费量的大
幅度减少。中国健康与营养调查（CHNS）显示，中国居民口粮
消费量具有明显的下降特征。

　　前文对我国食物量演化特征及其趋势进行了分析，结果表
明，中国居民食物消费长期是高膳食纤维、低脂肪的饮食模式；
总体上中国居民食物消费模式仍以植物性和谷物消费为主，但食
物消费结构不断向营养均衡和食物多样化的方向优化演变。通过
影响因素对比分析发现，相对于乡村家庭，城市家庭食物消费向
低脂低热量的主流型食物消费转变发展更快速，同时增加了对高
热量的均衡型膳食的需求。随着收入水平的提高，一方面，中国
居民不再一味地追求低脂低热量的食物消费模式，向饮食均衡和
食物多样性的膳食结构转变；另一方面，家庭膳食从低热量膳食
结构向高热量膳食结构转变。此外，随着家庭规模的增加，家庭
膳食也从低热量膳食结构向高热量膳食结构转变。

（二）食物消费方式更加多元化

　　城市化与工业化驱动的产业结构转型、社会分工细化最终改
变了人们的生活方式，进而推动食物消费方式更加多元化。首
先，在消费地点上，居民食物消费由在家消费逐渐转向在外消
费。学校单位食堂、餐饮消费已经贯穿居民的日常三餐。尤其是
随着居民生活水平的提高以及旅游活动的推动，居民餐饮消费旺

盛，已经成为居民食物消费的重要方式。同时，随着食物选择的自由度增加，食物消费的方式日渐个性化。素食主义、环保主义甚至奢靡主义等新的消费观念和群体日渐多元，不但彻底改变了传统的食物供给模式，同样也对如何引导健康合理的食物消费方式提出了挑战。另外，中国宠物数量呈现出平稳而快速的增长态势，人们已经改变了传统的宠物喂养观念与方式，越来越多地依赖商品宠物粮进行喂养，由此促进了宠物食品产业的快速发展，也使得宠物饲料粮消费成为粮食消费的新需求和不可忽视的组成部分（李钰和王存芳，2015）。

（三）不合理消费引发各类健康隐患

由于消费方式的快速转变，对合理消费缺乏合理的引导，现阶段中国不合理的食物消费现象越来越普遍，给居民健康带来隐患。总体看，中国居民饮食结构不合理的问题突出，《中国居民营养与慢性病状况报告（2020 年）》显示，中国居民膳食脂肪供能比持续上升，主食精细化，食用油、食用盐摄入量远高于推荐值。而蔬菜、水果、豆类及豆制品、奶类消费量仍然偏低，膳食摄入的维生素 A、钙等不足依然存在。家庭人均每日烹调用盐与每日 5 克的推荐量相比差距仍然较大。家庭人均每日烹调用油达43.2 克，超过一半的居民高于 30 克每天的推荐值上限。同时，儿童青少年经常饮用含糖饮料的问题已经凸显，18.9%的中小学生经常饮用含糖饮料。全国第六次卫生服务统计调查数据的分析（徐培培等，2015）发现，我国 18 岁以下儿童青少年存在营养不良、超重肥胖双向的营养相关问题。6~18 岁儿童青少年的营养不良检出率为 16.2%，超重肥胖检出率为 23.2%。农村调查人口的营养不良检出率与城市人口差别不大；城市调查人口的超重检出率为 12.1%，高于农村人口（10.8%），农村调查人口的肥胖检出率为 12.7%，高于城市人口（10.8%）。西部地区的营养不良检出率高于东部和中部地区，而超重和城市肥胖检出率低于东部和中部地区，但在农村调查人口中，西部地区的肥胖率高于东部和中部地区。从性别分布来看，6~18 岁儿童青少年中，男性调查人口的营养不良率、超重肥胖率（17.0%、26.7%）均高于女性（15.3%、19.2%）。

（四）食物浪费问题严重

食物的生产消耗了大量的环境资源，而食物的浪费过程使得这些环境资源做了无用功。据粮农组织报告，全球每年生产的粮食有 1/3 损失掉或浪费掉，浪费量约为 13 亿吨。更严重的是全世界约有 10 亿人口处于饥饿的状态，在"浪费与饥饿"并存的病态现象下，食物浪费的行为引起了人们对道德的反思。

在改革开放的带动下，国民经济迅猛发展，食物对于人们来说不再仅仅是果腹的物质，或多或少的浪费开始出现并且呈现愈发严重的趋势，由食物浪费引起的资源浪费以及危害居民身心健康等问题，逐渐成为可持续发展社会的巨大安全隐患，餐余垃圾的存在彰显着不道德的行为，对社会造成了不良的影响，既违反了可持续消费理念，也与国家倡导的生态文明建设相违背。现阶段中国消费环节食物浪费呈现两大特征。第一，公务（公款）食物消费虽得到明显遏制，但食物浪费依然比较严重；第二，中国传统文化在食物消费上的"面子"和"攀比"因素是导致餐桌上食物浪费的普遍原因。种种因素导致中国的食物浪费在某种程度上比发达国家更严重。食物浪费不仅意味着隐含土地资源、水资源、能源的无效消耗，而且伴随严重的环境污染排放等问题。

愈演愈烈的食物浪费从一个侧面说明，中国食物供给已经过剩，食物浪费量巨大，减少食物浪费将成为未来中国保障粮食安全新的重要途径。

（五）食品安全问题不容忽视

产业分工的细化使食物加工处理所涉及的环节和部门更多，进而使食品安全面临更大风险。由于中国食品安全监管制度尚处于完善阶段，市场监管体系不成熟，导致食品安全事件频发，严重制约了中国食物消费的可持续发展。首先，食物原料缺乏安全性是引发食物安全问题的主要原因，其具体表现为：一是在食物原料种植或养殖过程中，农药、化肥、复合饲料和兽药等化学药品使用缺乏科学性，导致食物原料残存的激素、抗生素、农药或其他有害物质超标，从而影响食品的质量和安全；二是环境污染，很多地区仅重视经济的发展，却忽视生态环境的保护，导致食物原料生产区域内环境污染问题严重，土壤、水体中重金属和有害物质严重超标，进而严重影响食物原料的质量。其次，市场经济背景下，许多食品生产企业为谋求更高的经济效益，忽视食品生产过程中的质量和安全控制，使大量不合格、不安全食品流入市场，从而引发严重的食品安全问题。食品生产安全状况不佳主要体现在三个方面：一是使用劣质食品原料；二是未按相关规定正确使用食品添加剂，如超量使用增白剂、防腐剂和甜味剂等；三是私自添加非食品性化学添加剂，如吊白块、二氧化硫和苏丹红等（刘爱英，2020）。最后，我国食品质量管理上也存在一些问题，如食品安全标准较低，食品的可追溯性较差，生产销售环节审批不严格，食品生产、加工、包装等生产领域的违法违规行为时有发生等。

二、可持续食物消费建议

　　1994 年，联合国环境规划署首次正式提出"可持续消费"概念，以改善并强化人类与自然系统间的动态均衡。2015 年，联合国发布《变革我们的世界：2030 年可持续发展议程》，并将"构建可持续的消费和生产模式"列为 17 个可持续发展目标（SDGs）之一。消费在资源"生产—分配—交换—消费"构成的物质资料再生产循环过程中具有延续交换和引导生产的双重作用，消费的承前启后属性使得消费方式、途径和内容以及消费观对社会经济发展的速度、结构和质量有着重要且直接的影响。生产和消费的可持续性决定了社会经济发展的可持续性。可持续消费涵盖了社会生产、生活的各个方面和领域，食物可持续消费是其中最基本的领域。随着中国社会经济的跨越式发展，城乡居民生活水平显著提高的同时，生活方式彻底改变。食物消费作为居民消费的最基本内容，食物消费观念、结构和行为快速转变过程中出现了一些诸如食品安全、过度消费和奢侈消费等突出问题，不仅带来环境污染，造成水、土地、能源等自然资源的无效供给，同时衍生出文明退化、消费危机、健康隐患等一系列社会问题。在生态文明战略引领下，"健康中国"战略稳步推进，并明确提出要构建"绿色低碳的生活方式，反对奢侈浪费和不合理消费"，这些都对新时代下如何突破现阶段食物消费领域存在的问题，构建适合中国国情和未来发展趋势的食物可持续消费模式提出迫切要求和挑战。

食物可持续消费是近年国内外关注的焦点，可持续饮食模式是我国食物消费转型的必要选择。食物可持续消费不仅与居民营养健康状况有关，还与社会经济与资源环境有着莫大的关系。结合本书分析结果，为我国食物消费可持续发展提出以下建议：

（一）合理转变食物消费模式，促进食物消费可持续发展

不同食物消费模式的可持续性具有明显差异性，为此要因地制宜地提出食物消费模式转变机制。

第一，北方传统食物消费模式最具可持续性，因此，针对北方地区居民，应继续坚持中国北方传统饮食模式。

第二，针对以南方传统饮食为主的家庭，无论是超高热量的南方传统饮食还是中等热量的南方传统饮食的可持续性均较低，让以南方传统饮食为主的家庭转变为以小麦为主食的消费模式过于偏离实际消费模式，这一方法不切合实际。根据研究发现，低脂低热量的主流型食物消费模式是以稻米为主，且其可持续性仅次于北方传统饮食模式。同时依据食物消费模式演变特征发现，超高热量的南方传统饮食向低脂低热量的主流型食物消费模式转变过程具有稳定的倾向型转变模式，中等热量的南方传统饮食向低脂低热量的主流型食物消费模式转出过程具有稳定性。可见，南方传统饮食向低脂低热量的主流型食物消费模式转变具有可行性。因此以南方传统饮食为主的家庭应减少粮食、猪肉以及油脂类的消费量，向低脂低热量的主流型食物消费模式转型。

第三，针对以高热量均衡型食物消费模式为主的家庭，这类膳食模式可持续性最低。高热量均衡型食物消费模式对环境造成

的影响最大、消费成本最高、消费习惯偏离程度最大、营养质量较低。高热量均衡型食物消费模式向低脂低热量的主流型食物消费模式和中等热量北方传统食物消费模式转变过程均具有稳定的倾向型转变模式。据此该类家庭应放弃这种膳食模式，其中，以喜好稻米为主食的家庭可向低脂低热量的主流型食物消费模式转型，喜好小麦为主食的家庭可向中等热量北方传统食物消费模式转型，均需要减少猪肉类、零食类、饮料类、油脂类的消费量。

（二）政府主导推进食物可持续消费

第一，食物可持续消费模式的推广具有典型的社会公益性特征，食物系统多数领域完全靠市场调节食物可持续模式市场条件尚不具备，因此政府的主导就成为推动食物可持续消费模式推广实践的关键。通过典型示范探索食物可持续消费的中国模式、地方模式、企业模式和家庭模式，形成可借鉴推广的实践经验。在政府主导下，针对食物系统各领域食物可持续消费特征，对相关财政资金进行整理，设立试点示范区域和企业，打造中国食物可持续消费的样板。培育一批食物系统领域可持续示范项目，推动有潜力和可操作性的示范性项目技术进入市场。通过试点示范制定食物可持续消费标准体系，完善食物可持续消费各领域的认证体系。例如，在餐饮领域设立绿色餐饮示范企业，在社区层面开展食物零垃圾示范小区、示范家庭。

第二，制定《餐饮行业食物消费服务导则》、《家庭食物废弃回收规范》。加强监测评估保障食物可持续消费模式常态化。监测评估的目的是保障食物可持续消费模式和战略的实施制度化、常态化，形成持续的市场化模式、消费模式、价值观念和社会风气。监测评估不仅针对政府推动的示范项目、企业和领域，同时也要对政府本身的制度落实、方案推进进行第三方评估（王灵恩等，2018）。检测评估应当是贯穿全过程的，检测评估指标体系在借鉴国际经验的同时，应充分考虑中国和地方的特殊性。同时，检测评价指标体系应该体现食物系统不同领域、区域、行业和部门特征，做到精准评估。

第三，制定明确可行的食物可持续消费总体实施方案。制定食物可持续消费战略与行动框架，明确中国实现食物可持续消费的近中远期目标、重点任务、行动计划、分解方案、保障措施等。在战略行动框架制定过程中，应充分遵循多方参与、稳步推进、贯穿食物全生命周期、权责明确的总体原则。首先，实施方案必须明确中国食物可持续消费的远期目标，做到可考核、可衡量，"一张蓝图绘到底"，稳步推进。实施方案制定在政府主导下，充分吸收生产者、消费者、行业组织等多方利益相关者在食品安全、餐饮消费、绿色食品、食品加工、废弃物利用等方面的诉求和建议。其次，食物可持续消费实施方案应当贯穿整个食物系统，不仅应包含食物的生活性消费，而且应该包含各个环节的生产性消费。只有做到食物全生命周期的高效消费利用，才能从根本上保障食物消费的可持续发展。最后，权责明确是实施方案能够有效落实的关键，必须将食物可持续消费所要达到的目标、任务量化，分解到具体的职能部门，如质检部门对食品安全的监管、卫生部门对食品营养和健康的指导、环保部门对食物垃圾的监管指导等。

（三）大力宣传可持续食物消费模式，引导全民参与

食物消费模式可持续性的实现最终要落实到每个居民的日常生活中，因此提高居民可持续食物消费理念成为完成食物可持续

消费的关键。充分利用电视、网络等现代化科技技术，大力宣传可持续食物消费模式相关知识，对于偏远地区，由地方政策宣传引导，做到全民提高食物可持续消费意识。在实施方案指导下，发起"健康中国、营养革命"、"餐饮革命"全民参与活动，彻底转变现有不合理的食物消费方式和消费理念。采取多种形式开展地理、资源、环境和粮食安全的国情教育，宣传文明消费理念，科学引导公众树立绿色健康的消费习惯。政府和行业协会、中介组织联合，争取企业参与，开展"食物可持续消费推广日"等全国全民主题活动，让普通大众意识到食物可持续消费的重要意义，以及在日常生活中如何做到。加大对"光盘行动"计划等相关民间公益活动的支持力度，促进相关措施和活动的常态化。建立食物可持续消费的教育和资源共享平台，使消费者可以共享食物可持续消费的活动、教材与其他信息资源。同时，要综合运用多种经济手段，激励利益相关群体推广食物可持续消费的广泛实践。尤其是充分发挥市场对食物资源的决定性作用，把握好食物消费需求对食物系统的导向作用，培育消费者正确的食物消费观念和行为，通过消费者选择形成可持续食物消费模式。最后，在推广可持续食物消费过程中，不免有不法商贩对自己的产品打上"可持续饮食"的标签以谋求暴利，这就要赋予消费者监督的职能。一旦出现此行为，消费者可以直接向相关部门举报。同时，运用经济手段，做到"有功必赏，有罪必罚"，以此有效地推进可持续食物消费模式。

参考文献

［1］《2018 伊利中国可持续消费报告》提五项重要发现［J］.中国质量万里行，2019（2）：56-57.

［2］詹明鹏.马克思的消费理论及其当代价值［J］.求实，2015，4（10）：4-12.

［3］中共中央马克思恩格斯列宁斯大林著作编译局.马克思恩格斯选集（第3卷）［M］.北京：人民出版社，2012.

［4］中共中央马克思恩格斯列宁斯大林著作编译局.资本论（第3卷）［M］.北京：人民出版社，2004.

［5］朱启贵."绿色+"：中国可持续发展的全新战略思维［J］.人民论坛·学术前沿，2016，4（3）：16-27.

［6］郭强.可持续发展思想与可持续发展政策［J］.社会治理，2019，4（1）：26-34.

［7］刘丽，朱丽娜.论可持续消费观［J］.沈阳师范大学学报（社会科学版），2004，4（5）：113-115.

［8］王思博，王得坤.我国社会可持续发展战略路径选择研究［J］.现代管理科学，2017（8）：60-62.

［9］张建平，季剑军，晋晶.中国可持续消费模式的战略选

择与政策建议［J］．宏观经济研究，2015，4（8）：65-75.

［10］张军．社会转型背景下的城市住房制度变迁与住房属性演变［J］．重庆社会科学，2021（2）：100-111.

［11］王灵恩，侯鹏，刘晓洁，成升魁．中国食物可持续消费内涵及其实现路径［J］．资源科学，2018，40（8）：1550-1559.

［12］王佳月，辛良杰．基于 GlobeLand30 数据的中国耕地与粮食生产的时空变化分析［J］．农业工程学报，2017，33（22）：1-8.

［13］陈杰．新中国 70 年城镇住房制度的变迁与展望［J］．国家治理，2019（14）：25-35.

［14］陈钊，陈杰，刘晓峰．安得广厦千万间：中国城镇住房体制市场化改革的回顾与展望［J］．世界经济文汇，2008，4（1）：43-54.

［15］肖作平，尹林辉．我国个人住房消费影响因素研究：理论与证据［J］．经济研究，2014，49（Z1）：66-76.

［16］帅晓林．构建有中国特色的可持续发展住房消费模式［J］．石家庄经济学院学报，2009，32（1）：50-53.

［17］董道红．建立符合我国国情的住房消费模式［J］．江苏经贸职业技术学院学报，2012，4（4）：10-12.

［18］Dong X B, et al. How does material possession love influence sustainable consumption behavior towards the durable products？［J］. Journal of Cleaner Production, 2018（198）：389-400.

［19］Minton E A, Lynn R. Kahle and Chung-Hyun Kim. Religion and motives for sustainable behaviors：A cross-cultural comparison and contrast［J］. Journal of Business Research, 2015, 68（9）：

1937-1944.

［20］梁建芳，程婉莹. 服装可持续消费行为的研究现状及困境分析［J］. 丝绸，2020，57（6）：18-25.

［21］和嘉伟，梁建芳，彭欣桐，程婉莹. 服装可持续消费观分析［J］. 服装学报，2019，4（2）：184-188.

［22］唐孝炎. 绿色出行与空气质量［J］. 环境保护，2007（8）：20.

［23］Prochaska J O，DiClemente C C.Stages and processes of self-change of smoking：Toward an integrative model of change［J］. Journal of Consulting and Clinical Psychology，1983，51（3）：390.

［24］刘宇伟，曹小春. 城市可持续交通行为研究述评［J］. 中国名城，2016，4（12）：43-47.

［25］李建刚，冯文娟. 中国饮食文化区域性特征形成的影响因子及其变异之研究（上）［J］. 湖北师范大学学报（哲学社会科学版），2018，38（3）：72-77.

［26］张起钧. 烹调原理［M］. 北京：中国商业出版社，1999：234-235，151.

［27］王佳. 跨文化交际下的中西饮食文化比较［D］. 黑龙江大学硕士学位论文，2011.

［28］郭娟，崔桂友. 公筷公勺制对公众健康隐患的防御及推广措施［J］. 南宁职业技术学院学报，2019，24（3）：16-19.

［29］杨晶，肖子薇. 论中西饮食文化差异［J］. 海外英语，2018（12）：172-173.

［30］FAO. The state of food insecurity in the world［J］. State of Food Insecurity in the World，2015，7142（316）：3-8.

［31］ McGuire S. FAO, IFAD, and WFP. The State of Food insecurity in the World 2015：Meeting the 2015 international hunger targets：Taking stock of uneven progress. rome：FAO, 2015 ［J］. Advances in Nutrition, 2015, 6（5）：623-624.

［32］ FAO, WFP. The State of Food Insecurity in the World 2015. Meeting the 2015 international hunger targets：Taking stock of uneven progress ［J］. American Journal of Hospice & Palliative Care, 2015, 17（4）：4-6.

［33］ Foley J A, Ramankutty N, Brauman K A, et al. Solutions for a cultivated planet ［J］. Nature, 2011, 478（7369）：337-342.

［34］ Frenken K K B. Monitoring agricultural water use at country level：Experiences of a pilot project in Benin and Ethiopia ［M］. Rome：FAO, 2011.

［35］ Jeffrey S, Cassman K G. Agricultural innovation to protect the environment ［J］. Proc Natl Acad Sci USA, 2013, 110（21）：8345-8348.

［36］ 李明净. 中国家庭食物消费的碳—水—生态足迹及气候变化减缓策略优化研究 ［D］. 大连理工大学硕士学位论文, 2016.

［37］ Monfreda C, Ramankutty N, Foley J A. Farming the planet：Geographic distribution of crop areas, yields, physiological types, and net primary production in the year 2000 ［J］. Global Biogeochemical Cycles, 2008, 22（1）.

［38］ Siebert S, Döll P. Quantifying blue and green virtual water contents in global crop production as well as potential production losses without irrigation ［J］. Journal of Hydrology, 2010, 384（3-4）：

198-217.

［39］D'Annunzio R, Sandker M, Finegold Y, et al. Projecting global forest area towards 2030 ［J］. Forest Ecology & Management, 2015 (352): 124-133.

［40］UNEP. Avoiding future famines: Strengthening the ecological foundation of food security through sustainable food systems ［R］. Nairobi: UNEP, 2012.

［41］马云倩, 徐海泉, 郭燕枝. 中国居民食物消费结构变化及未来发展政策建议 ［J］. 中国食物与营养, 2016, 22 (11): 46-50.

［42］封志明, 史登峰. 近20年来中国食物消费变化与膳食营养状况评价 ［J］. 资源科学, 2006, 28 (1): 2-8.

［43］刘红利. 我国居民食物消费变动对农业发展的影响研究 ［D］. 山东理工大学, 2016.

［44］Gerbens-Leenes P W, Nonhebel S, Krol M S. Food consumption patterns and economic growth. Increasing affluence and the use of natural resources ［J］. Appetite, 2010, 55 (3): 597-608.

［45］Stancu A. The relationship among population number, food domestic consumption and food consumer expenditure for most populous countries ［J］. Procedia Economics & Finance, 2015 (22): 333-342.

［46］Abbar S, Mejova Y, Weber I. You tweet what you eat: Studying food consumption through Twitter ［J］. In Proc. 33rd Annual ACM Conference on Human Factors in Computing Systems (CHI), 2015, 3197-3206.

［47］Imamura F, Micha R, Khatibzadeh S, et al. Dietary

quality among men and women in 187 countries in 1990 and 2010: A systematic assessment [J]. The Lancet Global Health, 2015, 3 (3): e132-e142.

[48] Barton K L, Wrieden W L, Sherriff A, et al. Trends in socio-economic inequalities in the Scottish diet: 2001-2009 [J]. Public Health Nutrition, 2015, 18 (16): 2970-2980.

[49] Jones J M, Sheats D B. Consumer trends in grain consumption [M]. USA, MN: Elsevier Ltd., 2016.

[50] Menendez-Baceta G, Pardo-De-Santayana M, Aceituno-Mata L, et al. Trends in wild food plants uses in Gorbeialdea (Basque Country) [J]. Appetite, 2017 (112): 9-16.

[51] Ahmad A, Rahmadanih R, Ali M S S. Patterns of food consumption and production of mountainous community in sinjai district, South Sulawesi Province, Indonesia [J]. Int. J. Agric. Syst 2017 (5): 90-100.

[52] Waid J L, Ali M, Thilsted S H, et al. Dietary change in Bangladesh from 1985 to 2010 [J]. Global Food Security, 2018 (17): 221-232.

[53] Damari Y, Kissinger M. Quantity-based analysis of household food consumption patterns and drivers: The case of Israel [J]. Appetite, 2018 (127): 373-385.

[54] Cockx L, Colen L, De Weerdt J. From corn to popcorn? Urbanization and dietary change: Evidence from rural-urban migrants in Tanzania [J]. World Development, 2018 (110): 140-159.

[55] Law C. Unintended consequence of trade on regional dietary patterns in rural India [J]. World Development, 2019 (113):

277-293.

[56] Marques A C, Fuinhas J A, Pais D F. Economic growth, sustainable development and food consumption: Evidence across different income groups of countries [J] . Journal of Cleaner Production, 2018 (196): 245-258.

[57] Morone P, Falcone P M, Lopolito A. How to promote a new and sustainable food consumption model: A fuzzy cognitive map study [J] . Journal of Cleaner Production, 2019 (208): 563-574.

[58] Heller M C, Keoleian G A. Assessing the sustainability of the US food system: A life cycle perspective [J] . Agricultural Systems, 2007, 76 (3): 1007-1041.

[59] Garnett T. Food sustainability: Problems, perspectives and solutions [J] . Proc Nutr Soc, 2013, 72 (1): 29-39.

[60] Mózner Z V. Sustainability and consumption structure: Environmental impacts of food consumption clusters. A case study for Hungary [J] . International Journal of Consumer Studies, 2014, 38 (5): 529-539.

[61] Verain M C D, Dagevos H, Antonides G. Sustainable food consumption. Product choice or curtailment? [J] . Appetite, 2015 (91):375-384.

[62] Aleksandrowicz L, Green R, Joy E J, et al. The impacts of dietary change on greenhouse gas emissions, land use, water use, and health: A systematic review [J] . PloS One, 2016, 11 (11): e165797.

[63] Gephart J A, Davis K F, Emery K A, et al. The environmental cost of subsistence: Optimizing diets to minimize footprints

[J]. Science of The Total Environment, 2016 (553): 120-127.

[64] Galli A, Iha K, Halle M, et al. Mediterranean countries' food consumption and sourcing patterns: An Ecological Footprint viewpoint. [J]. Science of the Total Environment, 2017 (578): 383.

[65] Vanham D, Mak T N, Gawlik B M. Urban food consumption and associated water resources: The example of Dutch cities [J]. Science of the Total Environment, 2016 (565): 232-239.

[66] Nuss P. Life Cycle Assessment Handbook: A Guide for Environmentally Sustainable Products [M] //Mary Ann Curran. John Wiley & Sons, Inc., and Salem, MA, Scrivener Publishing LLC, 2012.

[67] Hendrie G A, Ridoutt B G, Wiedmann T O, et al. Greenhouse gas emissions and the Australian diet—Comparing dietary recommendations with average intakes [J]. Nutrients, 2014, 6 (1): 289-303.

[68] Veeramani A, Dias G M, Kirkpatrick S I. Carbon footprint of dietary patterns in Ontario, Canada: A case study based on actual food consumption [J]. Journal of Cleaner Production, 2017 (12): 162.

[69] Toni M, Olaf C. Environmental impacts of dietary recommendations and dietary styles: Germany as an example [J]. Environmental Science & Technology, 2013, 47 (2): 877-888.

[70] Pairotti M B, Cerutti A K, Martini F, et al. Energy consumption and GHG emission of the Mediterranean diet: A systemic assessment using a hybrid LCA-IO method [J]. Journal of Cleaner Production, 2015 (103): 507-516.

［71］Macdiarmid J I，Janet K，Horgan G W，et al. Sustainable diets for the future：Can we contribute to reducing greenhouse gas emissions by eating a healthy diet？［J］. American Journal of Clinical Nutrition，2012，96（3）：632-639.

［72］Green R，Milner J，Dangour A D，et al. The potential to reduce greenhouse gas emissions in the UK through healthy and realistic dietary change［J］. Climatic Change，2015，129（1-2）：253-265.

［73］David T，Michael C. Global diets link environmental sustainability and human health［J］. Nature，2014，515（7528）：518-522.

［74］Auestad N，Fulgoni V L. What current literature tells Us about sustainable diets：Emerging research linking dietary patterns，environmental sustainability，and economics12［J］. Advances in Nutrition，2015，6（1）：19-36.

［75］Hallström E，Carlsson-Kanyama A，Börjesson P. Environmental impact of dietary change：A systematic review［J］. Journal of Cleaner Production，2015，91：1-11.

［76］孟繁盈，许月卿，张立金. 中国城乡居民食物消费演变及政策启示［J］. 资源科学，2010，32（7）：1333-1341.

［77］辛良杰，王佳月，王立新. 基于居民膳食结构演变的中国粮食需求量研究［J］. 资源科学，2015，37（7）：1347-1356.

［78］周琳，杨祯妮，程广燕，等. 我国居民食物消费主要特征与问题分析［J］. 中国食物与营养，2016，22（3）：47-51.

［79］赵丽云，房玥晖，何宇纳，等．1992~2012 年中国城乡居民食物消费变化趋势［J］．卫生研究，2016，45（4）：522-526.

［80］田甜，唐增，孙廷艳．中国不同地区食物消费对土地资源需求的影响研究［J］．草业学报，2017，26（2）：53-60.

［81］熊靓，王东阳．居民食物消费特征及影响因素分析——基于全国 20 省居民食物消费调研［J］．中国食物与营养，2017，23（3）：49-53.

［82］张亚鑫．我国城乡居民食物消费演变规律研究［J］．中国物价，2017（8）：83-85.

［83］吕晓，李丽，刘梦丽，等．1984~2014 年中国城乡居民食物消费转型特征比较分析［J］．山东农业大学学报（社会科学版），2017，19（1）：52-58.

［84］李云云，王灵恩，刘晓洁，等．基于入户跟踪调研的山东省农村居民家庭食物消费结构与特征研究［J］．自然资源学报，2018，33（6）：978-991.

［85］高晶，唐增．基于食物当量的中国居民食物消费变化［J］．中国食物与营养，2018，24（2）：63-67.

［86］辛良杰，李鹏辉．基于 CHNS 的中国城乡居民的食品消费特征——兼与国家统计局数据对比［J］．自然资源学报，2018，33（1）：75-84.

［87］王晓，齐晔．我国饮食结构变化对农业温室气体排放的影响［J］．中国环境科学，2013，33（10）：1876-1883.

［88］Lu Y, Jenkins A, Ferrier R C, et al. Addressing China's grand challenge of achieving food security while ensuring environmental sustainability［J］. Science Advances, 2015, 1（1）：e1400039.

［89］徐文川．中国居民饮食消费的温室气体排放研究

［D］．南京大学硕士学位论文，2018.

［90］Azzurra A, Massimiliano A, Angela M. Measuring sustainable food consumption：A case study on organic food ［J］．Sustainable Production and Consumption, 2019（17）：95-107.

［91］Esteve - Llorens X, Darriba C, Moreira M T, et al. Towards an environmentally sustainable and healthy Atlantic dietary pattern：Life cycle carbon footprint and nutritional quality ［J］．Science of The Total Environment, 2019（646）：704-715.

［92］Seconda L, Baudry J, Allès B, et al. Comparing nutritional, economic, and environmental performances of diets according to their levels of greenhouse gas emissions ［J］．Climatic Change, 2018, 148（1-2）：155-172.

［93］Wilson N, Nghiem N, Mhurchu C N, et al. Foods and dietary patterns that are healthy, low - cost, and environmentally sustainable：A case study of optimization modeling for New Zealand ［J］．PloS One, 2013.

［94］Perignon M, Masset G, Ferrari G L, et al. How low can dietary greenhouse gas emissions be reduced without impairing nutritional adequacy, affordability and acceptability of the diet? A modelling study to guide sustainable food choices ［J］．Public Health Nutrition, 2016, 19（14）：2662-2674.

［95］刘卓．以习近平新时代中国特色社会主义思想引领健康中国建设——"实施健康中国战略"理论与实践研讨会综述 ［J］．中国人口科学，2018, 184（1）：120-125.

［96］卢江．改善国民营养助力全面小康 ［J］．中国食品卫生杂志，2020, 32（4）：351-355.

［97］王长波，张力小，庞明月．生命周期评价方法研究综述——兼论混合生命周期评价的发展与应用［J］．自然资源学报，2015，30（7）：1232-1242．

［98］徐长春，黄晶，B. G. Ridoutt，刘继军，陈阜．基于生命周期评价的产品水足迹计算方法及案例分析［J］．自然资源学报，2013，28（5）：873-880．

［99］郑秀君，胡彬．我国生命周期评价（LCA）文献综述及国外最新研究进展［J］．科技进步与对策，2013，30（6）：155-160．

［100］Zhai P，Williams E D. Dynamic hybrid life cycle assessment of energy and carbon of multicrystalline silicon photovoltaic systems［J］．Environmental Science & Technology，2010，44（20）：7950-7955．

［101］Zhang L X，Wang C B，Song B. Carbon emission reduction potential of a typical household biogas system in rural China［J］．Jornal of Cleaner Production，2013（45）：415-421．

［102］Suh S，et al. System boundary selection in life-cycle inventories using hybrid approaches．［J］．Environmental Science & Technology，2004，38（3）：657-664．

［103］王艳，王力．生态足迹研究进展述评［J］．中国水土保持科学，2011，9（3）：114-120．

［104］Rees W E. Ecological footprints and appropriated carrying capacity：What urban economics leaves out［J］．Focus，1992，6（2）：121-130．

［105］Wackernagel M R W. Our Ecological Footprint［J］．Green Teacher，1997（45）：5-14．

［106］Uddin G A，Salahuddin M，Alam K，et al. Ecological footprint and real income：Panel data evidence from the 27 highest emitting countries［J］. Ecological Indicators，2017（77）：166-175.

［107］Teixidó-Figueras J，Duro J A. The building blocks of International Ecological Footprint inequality：A regression-based decomposition［J］. Ecological Economics，2015，118：30-39.

［108］Salvo G，Simas M S，Pacca S A，et al. Estimating the human appropriation of land in Brazil by means of an input-output economic model and ecological footprint analysis［J］. Ecological Indicators，2015，53：78-94.

［109］黄宝荣，崔书红，李颖明. 中国2000~2010年生态足迹变化特征及影响因素［J］. 环境科学，2016（2）：420-426.

［110］郭华，蔡建明，杨振山. 城市食物生态足迹的测算模型及实证分析［J］. 自然资源学报，2013（3）：417-425.

［111］赵煜，胡孟娜，余彬. 生态足迹理论研究综述［J］. 发展，2015（7）：75-76.

［112］谭伟文，文礼章，仝宝生，沈佐锐，高觅. 生态足迹理论综述与应用展望［J］. 生态经济，2012（6）：173-181.

［113］吴孟孟，贾培宏. 生态足迹研究综述［J］. 淮海工学院学报（人文社会科学版），2014，12（8）：111-113.

［114］徐中民，程国栋，张志强. 生态足迹方法的理论解析［J］. 中国人口·资源与环境，2006（6）：69-78.

［115］刘春霞，王芳. 基于居民食物消费模式的中国耕地需求动态变化分析［J］. 中国生态农业学报，2018，26（8）：1227-1235.

［116］ Bouma J, Batjes N H, Groot J J R. Exploring land quality effects on world food supply ［J］. Geoderma, 1998, 86 (1/2): 43-59.

［117］李晓晶, 刘源, 郗雯. 生态足迹理论及其研究进展 ［J］. 农业与技术, 2019, 39 (17): 86-87.

［118］ Wackernagel M, Rees W E. Our ecological footprint: Reducing human impact on the earth ［M］. Gabriola Island: New Society Publishers, 1996.

［119］ Hoekstra A Y, Hung P Q. Virtual water trade: A quantification of virtual water flows between nations to international crop trade ［R］//Value of Water Research Report Series (No. 11). Delft: UNESCO-IHE Institute for Water Education, 2002.

［120］ Wiedman T, Minx J. A definition of "carbon footprint" ［R］. ISAUK Research Report (No. 07-01), Durham, 2007.

［121］ Giljum S, Hinterberger F, Lutter S. Measuring natural resource use: Context, indicators and EU policy processes ［J］. SEIR Background Paper 14. Vienna: SERI, 2008.

［122］ Stoeglehner G, Narodoslawsky M. Implementing ecological footprinting in decision-making peocesses ［J］. Land Use Policy, 2008, 25 (3): 421-431.

［123］ Galli A, Wiedmann T, Ercin E, Knoblauch D, Ewing B, Giljum, S. Intergrating ecological, carbon and water footprint into a "Footprint Family" of indicators: Definotion and role in tracking human pressure on the planet ［J］. Ecological Indicators, 2012 (16): 100-112.

［124］方恺. 足迹家族研究综述 ［J］. 生态学报, 2015,

35 （24）：7974-7986.

［125］Evans S. Carbon footprinting-opportunity or threat？［J］. Journal of Farm Management，2010，13（11）：789-795.

［126］Wiedmann T，Minx J. A definition of "carbon footprint"［M］// Pertsova C C.（ed.）. Ecological economics research trends. New York：Nova Science Publishers，2007. 1-11.

［127］王微，林剑艺，崔胜辉，吝涛. 碳足迹分析方法研究综述［J］. 环境科学与技术，2010，33（7）：71-78.

［128］Pandey D，Agrawal M，Pandey J S. Carbon footprint：Current methods of estimation［J］. Environmental Monitoring and Assessment，2011，178（7）：135-160.

［129］程辞. 兰州市居民食品消费碳足迹研究［D］. 兰州大学，2013.

［130］耿涌，董会娟，郗凤明，等. 应对气候变化的碳足迹研究综述［J］. 中国人口·资源与环境，2010，20（10）：6-12.

［131］刘宇，吕郢康，周梅芳. 投入产出法测算 CO_2 排放量及其影响因素分析［J］. 中国人口·资源与环境，2015，25（9）：21-28.

［132］丁珊. 家庭食物浪费及其生态足迹、碳足迹、水足迹和甲烷释放的研究［D］. 大连理工大学硕士学位论文，2015.

［133］马晶，彭建. 水足迹研究进展［J］. 生态学报，2013，33（18）：5458-5466.

［134］Hoekstra A Y. Virtual water trade：Proceedings of the international expert meeting on virtual water trade［R］. Delft，Netherlands：IHE，2003：13-23.

［135］周玲玲，王琳，王晋．水足迹理论研究综述［J］．水资源与水工程学报，2013，24（5）：106-111.

［136］Hoekstra A Y, Hung P Q. Virtual water trade：A quantifi-cation of virtual water flows between nations in relation to international crop trade［C］. Value of Water Research Report Series No. 12. Delft, Netherlands：IHE, 2003：13-23.

［137］黄林楠，张伟新，姜翠玲，等．水资源生态足迹计算方法［J］．生态学报，2008，28（3）：1279-1286.

［138］张义，张合平，李丰生，等．基于改进模型的广西水资源生态足迹动态分析［J］．资源科学，2013，35（8）：4111-4124.

［139］BS ISO 14046：2014. Environmental management-Water footprint - Principles, requirements and guidelines［R］. Geneva, Switzerland：International Organization for-Standardization, 2014.

［140］钱逸颖，董会娟，田旭，余艳红，陈异晖，耿涌，钟绍卓．应对水资源危机的中国水足迹研究综述［J］．生态经济，2018，34（7）：162-166+173.

［141］方恺．足迹家族：概念、类型、理论框架与整合模式［J］．生态学报，2015，35（6）：1647-1659.

［142］Ortiz A, Gorriz J M, Ramirez J, et al. Improving MR brain image segmentation using self-organising maps and entropy-gradient clustering［J］. Information Sciences, 2014（262）：117.

［143］郭熙保，周强．长期多维贫困、不平等与致贫因素［J］．经济研究，2016，51（6）：143-156.

［144］朱会义，李秀彬．关于区域土地利用变化指数模型方法的讨论［J］．地理学报，2003（5）：643-650.

［145］杨建新，龚健，高静，等．国家中心城市土地利用变化稳定性和系统性特征——以武汉市为例［J］．资源科学，2019，41（4）：701-716．

［146］Aldwaik S Z, Pontius R G. Intensity analysis to unify measurements of size and stationarity of land changes by interval, category, and transition［J］. Landscape and Urban Planning, 2012, 106（1）：103-114.

［147］李培林，朱迪．努力形成橄榄型分配格局——基于2006~2013年中国社会状况调查数据的分析［J］．中国社会科学，2015（1）：45-65．

［148］李哲敏．中国城乡居民食物消费及营养发展研究［D］．中国农业科学院，2007．

［149］曹淑艳，谢高地，陈文辉，郭红．中国主要农产品生产的生态足迹研究［J］．自然资源学报，2014，29（8）：1336-1344．

［150］安玉发，彭科，包娟．居民食品消费碳排放测算及其因素分解研究［J］．农业技术经济，2014（3）：74-82．

［151］曹淑艳，谢高地．城镇居民食物消费的生态足迹及生态文明程度评价［J］．自然资源学报，2016，31（7）：1073-1085．

［152］陈冬冬，高旺盛．近30年来中国农村居民食物消费的生态足迹分析［J］．中国农业科学，2010，43（8）：1738-1747．

［153］蓝家程，傅瓦利，袁波，等．重庆市不同土地利用碳排放及碳足迹分析［J］．水土保持学报，2012，26（1）：146-150．

［154］虞祎，张晖，胡浩．基于水足迹理论的中国畜牧业水资源承载力研究［J］．资源科学，2012，34（3）：394-400．

［155］Tilman D, Clark M. Global diets link environmental sustainability and human health［J］.Nature，2014，515（7528）：518-522.

［156］刘军跃，苏莹，汪乐.基于人体膳食均衡视角下的我国果蔬消费趋势预测与结构优化［J］.重庆理工大学学报：社会科学版，2016，30（5）：75-82.

［157］Van Kernebeek H R J，Oosting S J，Feskens E J M，et al.The effect of nutritional quality on comparing environmental impacts of human diets［J］.Journal of Cleaner Production，2014（73）：88-99.

［158］Fulgoni V L，Keast D R，Drewnowski A.Development and validation of the nutrient-rich foods index：A tool to measure nutritional quality of foods［J］.Journal of Nutrition，2009，139（8）：1549-1554.

［159］Drewnowski A.Defining nutrient density：Development and validation of the nutrient rich foods index［J］.Journal of the American College of Nutrition，2015，28（4）：421-426.

［160］李钰，王存芳.宠物粮的特性及其发展研究［J］.饲料研究，2015（24）：9-12.

［161］中国疾病预防控制中心.中国慢性病及其危险因素监测报告［M］.北京：军事医学科学出版社，2013.

［162］徐培培，张帆，胡小琪，等.我国学生营养立法的必要性分析［J］.中国食物与营养，2015，21（12）：81-84.

［163］马冠生.我国学生营养状况及改善措施［J］.中国学校卫生，2014，35（5）：641-642.

［164］国家卫生健康委疾病预防控制局.中国居民营养与慢性病状况报告（2020年）［M］.北京：人民卫生出版社，2022.

［165］温勃，刘婕妤，董彬，叶健莉，马军．我国儿童青少年健康问题现状调查与分析［J］．中国卫生信息管理杂志，2021，18（1）：21-26．

［166］刘爱英．食品安全检测技术对食品质量安全的影响分析［J］．科学技术创新，2020（15）：141-142．

［167］王灵恩．高原旅游城市餐饮消费特征及其食物消费的资源环境效应——以拉萨市为例［D］．中国科学院大学博士学位论文，2013．

［168］UN. Transforming our world：The 2030 agenda for sustainable development［M］. New York：UN，2015．